21世紀の物理学
潜象エネルギー空間論

長池 透

今日の話題社

はじめに

　これから、新しい物理学の話を始める。
　この物理学は、従来の物理学だけではなくて、もっと広範囲の宇宙空間を包含するものである。
　例えば、宇宙は真空ではなくて、未だ知られていないエネルギーが、充ち充ちた空間であること、アインシュタイン博士の相対性理論で示されている４次元とは、まったく違った世界が、本当の宇宙の姿であり、そこは超光速の世界であることなどである。
　この世界を、私は「潜象(せんしょう)エネルギー空間」と呼ぶことにした。

　この潜象という聞きなれない言葉を最初に使ったのは、楢崎皐月氏である。同氏は日本の超古代文字「カタカムナ」を解読した方である。この中には、宇宙の生成、変遷、宇宙エネルギーの変換などに関する記述がある。
　この中には、宇宙のエネルギーが重なり合って存在し、色々なものに形を変えて変遷していくという説明がある。
　これらのことは、同氏の最後の弟子である宇野多美恵氏が編集した「相似象」のなかに収められている。
　しかし、楢崎氏は、私が瞼(まぶた)を閉じたときに視える光のことは一切触れられていない。
　私が瞼を閉じたとき視える光のことを表現するのに、この潜象という言葉を用いて、潜象光と呼ぶことにしたのである。
　これに対して、肉眼で視える世界を、一般には現象という言葉を用い

はじめに

ることが多い。仏教などでも、霊の世界に対してこの世のことを、現象界と呼んでいる。カタカムナでも、潜象に対しては、現象という言葉を使っている。

このように、現象という言葉は、用いられる範囲が広く、場合によっては、混同されることもあるので、それを避けるために、私は「顕象（けんしょう）」という言葉を用いることにしたのである。

宇宙は真空ではない。未だ知られていないエネルギーが、満ち満ちた空間である。

この空間を、潜象エネルギー空間と呼ぶことにした。そして、この空間での光は超光速である。

かって、私は東北地方出羽三山の一つ、湯殿山に詣でたとき、思わぬ体験をした。

それは、何気なく、瞼を閉じたら、目を開いて見えていた山々の景色とは、まったく違った光景が現れたのである。

黄色、オレンジ色、赤色等が織りなす光一色の世界、最後には、黄金色の光の噴出まで視えた。

それから、各地の霊山と言われる山々を、巡り歩く旅を始めた。どこに行っても、色々な形の光が視えたし、虹の七色がすべて視えたのである。

東北地方の鳥海山では、燃えるように真っ赤な光が、山全体から発して上空まで達していた。中部地方の立山連峰では、紫色の光が山全体を覆っており、更に、放射状にのびた紫色の光も視えた。

奈良地方、飛鳥の三輪山では、ちょうど皆既日食の際の太陽を見るように、黒い球の周辺に放射状に金色の光が視えた。北アルプスの常念岳では、これとは逆に、円形の黄色の光から、金色の光が放射状に放たれていた。

また、御嶽山では山の上空から金色の光が放射状に下方へ放たれてい

た。似たような光は富士山や、加賀の白山でも視えた。
　そのほか、月山や金華山では、巨大な蝋燭の炎のように、オレンジ色の立ち上がる光が、数条視えたり、視界全体が黄色や、オレンジ色に包まれていることもあった。
　これらのことは、拙著『神々の棲む山・東北信越編』『霊山パワーと皆神山の謎』『超光速の光・霊山パワーの秘密』等に具体的に発表した。
　これらの光を潜象光と名付け、普通に目を開いて見える光を、顕象光と呼び、これと区別した。
　そしてその本の中で、可視光線とＸ線の振動数の違いを比べることによって、潜象光は超光速であることを説明した。
　これらのことがあって、現代科学では、一度も論じられたことのない潜象界とは、どういうものであるかを、現代物理学や、天文学と比較しながら、書いてみることにした。

　そして、宇宙空間は、真空ではなくて、潜象エネルギーが満ち満ちた空間であると、考える方がよいという結論に達した。
　宇宙は潜象エネルギー空間であることを前提にすれば、これまで明らかにされなかったことが判ってきた。
　その中では、もう一つの太陽（潜象太陽）の存在、水星や金星は、惑星というよりも、太陽の衛星と呼ぶ方がよいのではないか、といったことにまで考えが及んだ。
　また、特殊相対性理論にある４次元時間空間とは、まったく違った次元の仕組みが、宇宙を構成する本当の高次元空間であると、考えるようになった。
　潜象とは、私達が認識してない空間のことであり、私達が認識している空間（これを顕象空間と呼ぶ）と、重複して存在している空間のことである。
　この潜象界は、肉眼では見えないが、「振動数の極めて高い３次元の

世界が、重複して幾層も重なった空間」であると、考えるのが良いのである。
　また、万有引力（重力）の考え方は、これまで真空の中に、力の場が発生することになっているが、これではなぜ発生するかが、今ひとつ、しっくりしない。
　力の場が発生するには、それなりの条件が必要であると考える。潜象エネルギー場を想定すると、その疑問に答えることになる。
　これらのことを基にして、潜象物理という分野を、新たにまとめ、この考えを世に問うことにした。

　この本を読むにあたって、お願いしたいことが一つある。
　それは、現代科学で証明できないもの、あるいは測定できないものは、科学ではないといった偏見を、ひとまず脇へ置いていただきたいのである。
　ガリレオが法王庁で、地動説を取り消すように言われたのに対し、「それでも地球は回っている」といったことを、思い出していただきたいのである。
　また、アインシュタインが、相対性理論を発表したときには、「この理論を理解できる人は、世界に3人ぐらいしかいない」と言われたそうである。
　このように、何時の世でも、新しい考え方が出た時には、それを否定する風潮がある。しかし、次第にそれが世間に受け入れられるようになり、文明は進歩してきたのである。

　この中には、これまでの物理や数学等では、用いられたことのない新しい考え方、特に、純虚数平面、とか、純虚数空間などが出てくるが、まずは、感覚的に宇宙には、このように、エネルギーに満ちた空間が存在していると、捉えていただければ結構である。

なお、数学や電気のことが苦手の方は、この部分を省略して、太陽系天体のところから読まれても結構である。新しい太陽系の姿をイメージ出来れば幸いである。
　より多くの方が、この潜象界に着目して、潜象物理の世界を、大きく広げていただければ、有り難いと思っている。

21世紀の物理学　潜象エネルギー空間論　　目次

はじめに　3

第1部　太陽系不思議物語　11

潜象エネルギー空間とは？　14
潜象エネルギー空間（場）の検証（潜象物理と現代物理学）　17
　マイケルソン・モレーの実験
　潜象光はなぜ超光速か？
　潜象界とは、どんな空間か？
　エネルギー流と場の関係
　フレミングの法則の新しい考え方

コラム1　栄螺（サザエ）堂　29

潜象界の表示及び過去の空間について　30
エネルギー空間の数学的表示　32
　虚数平面
　虚数空間
潜象エネルギーと電磁気との関係　37
　潜象（虚）空間と、顕象（実）空間について
　磁界（潜象界）と虚電流（潜象電流）

コラム2　量子論の前提と潜象界　46

潜象エネルギー場の変化　47
潜象エネルギーと石英　48

コラム3　トルネード（竜巻）の話　54
コラム4　洗面台排水の際に発生する渦現象　56

　自然界の正三角形と回転場　58
　潜象エネルギー界と太陽系の星達　59
　　　　太陽系の構成
　　　　もう一つの太陽
　　　　太陽系の運動（惑星の公転）
　内惑星の公転と自転　75
　　　　内惑星は太陽の衛星ではないか？
　太陽の2焦点間距離は？　80
　金星はなぜ逆回転しているのか？　82
　水星の自転周期はなぜ公転周期よりも短いか？　87
　外惑星の公転と自転　91
　　　　外惑星の公転
　火星の公転　94
　惑星潜象圏と自転　98
　自転の仕組みはどうであろうか？　101
　地球と月　106
　太陽系と大湯の環状列石（ストーンサークル）　109
　木星型惑星は、なぜ、自転周期が短いか？　114

コラム5　光の粒子性と波動性について　124

　ブラックホール・高エネルギー現象と潜象界　127

第2部　万有引力（重力）は、なぜ、発生するのか？　133

　　万有引力は、単体の物体（天体）の時には、発生しない力なのか？　134
　　万有引力には、斥力は存在しないのであろうか？　137
　　万有引力（重力）の本質は何か？　138
　　重力場には、どうして、斥力は発生しないのであろうか？　146
　　地球に流入する潜象エネルギーと
　　　　　自転の潜象エネルギーとの違いについて　150
　　物理学上の重力子と重力波　153
　　潜象エネルギーの流入　156
　　　　　粒子と波動
　　顕象太陽と潜象太陽　162
　　場の量子論（統一理論）について　163
　　波動エネルギーとしての潜象エネルギー　170
　　ダーク・マターとダーク・エネルギー　174
　　渦巻銀河とその加速エネルギー　178
　　　　　トルネード型潜象渦巻の発生

おわりに　186

参考資料　188

第1部
太陽系不思議物語

　雲一つない蒼穹の中に、太陽が燦々と輝いているとき、私達は限りない幸せをかみしめる。
　地球上、生きとし生けるもの、すべてが太陽の熱と光の恩恵を受けて、生活している。
　また、晴れた夜、空を見上げると、月が優しく地上を照らしてくれる。ときに、三日月になり、また満月になり、仄かな明かりで、幻想的な夜のたたずまいを見せてくれる。
　宇宙彼方にある無数の星達のきらめきは、私達を夢幻の世界へ誘ってくれる。
　水の惑星ともいわれるこの地球は、広い宇宙の中の奇蹟のような星であり、その中の生を私達は享受している。
　この地球は、銀河系宇宙にある太陽系惑星の3番目の星（惑星）であることは誰でも知っている。
　ガリレオの時代、望遠鏡が実用化され、太陽系惑星の多くが観測されるようになった。
　時代を経るに従って、大きな望遠鏡が開発され、観測の範囲は、飛躍的に広がった。

いまでは、光望遠鏡の他に、電波望遠鏡による観測も加わっている。
　そして宇宙探査機が、数多く打ち上げられ、惑星や月の近くまで飛んでいって、詳しい情報を地球に送ってきている。
　最近は、月探査機「かぐや」が打ち上げられて、これまで半分の顔しか、地球に見せていなかった月の残りの半分の顔も、私達は知ることが出来るようになった。
　このように、科学の進歩によって、宇宙について多くのことを知ることが出来た。

　しかし、天文学には、未だ人類が踏み込んでいない領域が数多く残されている。
　その幾つかをあげてみる。
　太陽系は宇宙のある方向へ移動しているが、それはなぜか？
　惑星は、太陽を中心とした楕円軌道上を公転しているが、それはなぜか？
　同じように、衛星は惑星の周りを公転しているが、それはなぜか？
　楕円には焦点が二つあるのに、太陽は一つしかない。それはなぜか？
　水星と金星の自転周期は外惑星に比べて、非常に長く、公転周期に近いのはなぜか？
　惑星の衛星は、自転周期と公転周期とが、ほぼ同じなのはなぜか？
　公転している天体の回転エネルギーは、何から得られるのか？
　マイケルソン・モーレーの実験結果、宇宙は真空であることになっているが、果たして本当なのであろうか？等々である。
　これらの疑問は誰しもが抱く、素朴な疑問である。しかし、これに対する答えは未だ得られていない。
　また、アインシュタインの相対性理論による、時間軸を含めた４次元時空は、絶対的なものなのであろうか？
　光速度30万キロメートル/秒を超える速度は存在しないのであろう

か？

　このような事柄についての答えは、いまのところ見当たらない。
　そろそろ、新しい理論が必要なのではなかろうか。
　私はそれを、潜象物理学という形で、解明してゆきたいと考えている。
　この潜象物理学というのは、現代科学が認知していない宇宙のエネルギー空間（場）を、対象にした物理学である。ここでは、宇宙は真空ではなくて、現人類が未だ認識していないエネルギーに、満ち満ちている空間なのである。
　このエネルギー空間のことを、潜象エネルギー空間（場）と呼び、ここで発生する諸現象を研究する物理学という意味で、潜象物理学と呼ぶことにしたのである。

　なぜ、潜象という名前を付けたかというと、現代物理学の裏に隠れていて、科学者には未知の分野になっている空間(場)のことだからである。
　これに対し、現代物理学が対象としている分野を、顕象エネルギー空間（既に明らかにされている空間・場）と呼ぶことにする。
　電気、磁気、光などが顕象エネルギーということになる。
　私がこのような発想を持つに至った理由というのは、数年前、瞼を閉じて霊山を視たとき、山から発している光があることに、気付いたからである。
　この光は、虹の七色が全部視えるのである。そしてこれを発しているのは、昔から名山、霊山といわれる山々が多い。
　このことについての詳しい話は、拙著『神々の棲む山』（たま出版）、『超光速の光・霊山パワーの秘密』、『霊山パワーと皆神山の謎』（今日の話題社）に、記述してある。
　この光のことを潜象光と呼んでいるが、この光は、山のみならず、潜象光が集約される各地の神社などでも見受けられる。

また、昭和40年から約2年半に亘って、長野県に発生した皆神山を中心とする松代群発地震の原因は何かを、調べてゆくうちに、現在の地震学の範疇にはないエネルギーによるものであることが分かった。
　これらのことを総合してゆくと、これからは、未知のエネルギーの研究が、大切な時代になったと考えるようになった。
　この未知のエネルギー、つまり、潜象エネルギーが、宇宙の中に満ち満ちているとすると、宇宙の仕組みは、これまでとは大分違ったものになる。
　その手始めとして、私達が住んでいる地球の周りを眺めてみた。すると、前に述べたような疑問がわき上がったのである。
　新しい潜象物理の立場に立って、これから検証していきたいと考えている。
　この新しい物理学・潜象エネルギー空間論の導入にあたって、潜象物理学とは、どのようなものであるかを説明する。

潜象エネルギー空間とは？

　これまで、宇宙空間は真空であるとされてきたが、ここに、真空でない空間を想定した新しいエネルギー空間理論を提唱する。
　なぜかといえば、光速度より速い速度は存在しないという、これまでのアインシュタインの物理理論は、宇宙空間は真空であると設定しているので、不合理なところがあることが判ったからである。
　そこで、真空といわれてきた空間を、新しく潜象エネルギー空間というものに置き換えてみたのである。
　すると、この空間を通過する光（潜象光）は、超光速であることが判った。
　これに関連して、宇宙は真空であるというマイケルソン・モレーの説

も修正した方がよいことが判った。

　このようなことから、次に示すような宇宙空間を想定するのが、妥当であると考えられる。

　それはこれまでの宇宙は真空であるという考え方の代わりに、エネルギーが充満した空間であると考えるのである。

　この宇宙空間の新しい考え方を次に示す。

1. 宇宙空間は真空ではない。気体、液体、固体の諸相の背後に、幾層にも重なった空間が存在する。この重複して存在するそれぞれが、エネルギー空間である。
2. この重複して存在する空間は、高次の空間の持つエネルギーを、低次のエネルギー空間に放出している。
3. そこで放出されたエネルギーは、さらにそれよりも低次の空間へ、エネルギーを放出する。
4. 現代の人類が知覚する空間、つまり、通常3次元空間として認識している空間（ここでは顕象空間と称する）は、気体、液体、固体の三相の世界である。この空間は、温度によって、変化する空間である。
5. これに対して、新たに想定するエネルギー空間を、潜象エネルギー空間（あるいは、潜象空間・または潜象界）と称する。

　参考
　エネルギーの変遷として、次のようなことが考えられる。
しかし、この検証には、時間がかかるので、参考として付加する。

a. 絶対零度（−273 度 C）以下になったとき、この空間は更に低次の空間へ移行する。その空間は、マイナス空間である。(*1)
b. マイナス空間に落ち込んだエネルギーは、次なる転化をして、高次

空間へ違うエネルギーとなって、反転（還流）してゆく。
　この繰り返しによって、高次空間は、そのエネルギーの補充を受けることになる。

c. このようにして、潜象エネルギー空間、顕象エネルギー空間の間に、絶え間ないエネルギーの循環が継続されてゆく。
　これを、別の見方をすれば、一つの空間でのエネルギーの生成、消滅が為されているとみなされる。

d. この空間には、潜象エネルギーが満ち満ちており、常に、低次空間である顕象界（実空間）へと、エネルギーが流入している。
　私達が、電気、磁気として認識し、且つ、利用している電磁エネルギーは、潜象界から、顕象界へ転化して、供給されるエネルギーである。

　1. の補足
　場の思想というのは、この考え方と共通しているところがある。
　たとえば、導体に電流を流せば、その周辺に磁場が発生する。
　また、これとは逆に磁束と電流から回転場が発生する。
　これは良く知られている現象であるが、物理学では、これを単に電気と磁気との関係としてしか、捉えていない。
　そうではなくて、その背後にあるエネルギー場が存在していることを認識すれば、同じ現象の説明にしても、発想が変わってくるはずである。
　もともと、エネルギー場が存在しているから、このような現象が起こると考えた方がよい。

　*1.
　絶対零度以下の状態については、これまで何も考えられてはいない。
　しかし、絶対温度付近になると、常温では考えられないような現象が発生する。

超流動、超伝導現象が発生するのである。
　現象の把握は出来ているが、なぜこのような現象になるか迄は判っていない。
　この現象は、音速の世界の現象と似たところがある。
　航空機が音速を超えると、亜音速のスピードで操縦するときと逆の操作をしないと、舵の効きが上下逆になり、墜落してしまうのである。
　一つの限界を超えたとき、それまでとはまったく違った世界が存在することの一つの例である。

　水は水蒸気、水、氷の三態に変化する。このエネルギー源は、熱である。熱がこの三態の変化に関わっている。
　そして、熱を媒体として、水は循環している。
　同じように、潜象界でも、エネルギーの循環が行われている。
　この循環の鍵・媒体となっているのは、磁気であろう。
　この磁気は、潜象エネルギーが顕象界に現れる過程であると考えられる。

潜象エネルギー空間（場）の検証
　　（潜象物理学と現代物理学）

マイケルソン・モレーの実験

　まず、物理学が、「宇宙は真空である」という決定を下してしまったことの可否について考えてみる。
　この決定を下したのは、マイケルソン・モレーである。
　彼は光速度の測定をしたが、光を伝える媒体を発見できなかった。そ

れまでは、エーテルという媒体を仮想していたが、この実験で媒体を発見できなかったため、宇宙は真空であると、決めてしまった。

そしてそれ以降、この問題に関する研究の進展は、なかったのである。

しかしよく考えてみると、この実験は、前提条件の設定、乃至は、計測の考え方に問題があった。

端的に言えば、計測にかからないものを、計測したために、何も発見できなかったと、言うしかないのである。

何が問題であったかと言えば、それは、エーテルといわれるものが何であったか？に帰着する。

エーテルを物質として、取り扱ったことが問題であった。当時の状況からは、無理からぬことであろうが、この考え方を変えないと、話は進んでいかない。

エーテルは、物質ではなくて、エネルギーの充満した空間なのである。"エーテル"この言葉ではなくて、これからは、潜象界/潜象エネルギー界、あるいは、潜象空間を考えることになる。

潜象光はなぜ超光速か？

このことについて、物理学的な測定は為されていないが、論理的には、超光速であるという推論が成立するのである。

まず、潜象光であるが、この光が超光速であると述べたが、その理由は次のようなものである。

潜象光は、私が肉眼ではなくて、瞼を閉じたとき視える光であるが、眼の網膜には、はっきりとその色彩が視える光だからである。

人間の網膜が光を識別できるのは、虹の七色の領域に限られる。色で言えば、赤色から、橙色、黄色、緑色、青色、藍色、紫色である。

これらの色の波長は、$0.77 \sim 0.38$ オングストローム（10の-6乗メートル）の範囲である。

網膜はこの範囲以外の波長に対しては、反応しない。つまり見えないことになる。

　私が視る潜象光の色彩も、この範囲である。ということは、潜象光の波長は可視光線の波長と同じであると言える。

　ではなぜ、可視光線が瞼を通過しないのに、潜象光は閉じた瞼を通過して、網膜に達するのであろうか？

　ここでレントゲンを思い出して欲しい。レントゲンに用いるX線は、皮膚を通過して、内臓の状態や、骨の具合がどうなっているかを、映し出すことが出来る。

　X線の光は、人体を通過することが出来るのである。ただし、この光は人間の眼には映らない。波長が違うからである。波長が違うから、網膜はX線の光を認知できない。

　このX線の波長は、可視光線の波長の約1/1000位になる。10の-9乗から-11乗メートルぐらいの範囲である。

　この2つの光を比較してみると、次のようなことが判る。

　潜象光は、網膜で識別できるから、可視光線の波長と同じであると言えよう。

　一方、瞼を通過する光であるから、潜象光の振動数は、X線に近いものであると考えて良い。X線の振動数は、10の18乗〜20乗ヘルツの範囲である。これに対して、可視光線の振動数は、10の14乗〜15乗ヘルツの範囲である。

　X線の振動数は、低いところでも、可視光線の振動数の約1000倍になる。

　波長と振動数の積は、距離になる。距離をかかった時間で割ると、速度になる。

　潜象光の場合、波長が可視光線と同じで、振動数がX線と同じとすれば、その積は可視光線の約1000倍になる。

　つまり、潜象光は同一時間で、可視光線の1000倍の距離を走ること

になる。これを時間で割れば、速度になるから、潜象光の速度は、超光速であることになる。

ただし、潜象光が通過するのは、薄い膜である瞼なので、X線ほどの透過力は必要ない。それに、この潜象光は、常に私達の周囲に満ちていて、X線と違って、人間の身体には影響がないことから考えると、その振動数はX線よりも、かなり低い振動数であると考えられる。可視光線の1000倍ではなくて、もっと低い振動数であろう。

瞼は薄い膜であるから、レントゲンで用いるX線より、振動数が低くても、潜象光は瞼を通過することが出来るであろう。超光速の度合いは、かなり低くても良いことになる。しかし、いずれにしても、可視光線の速度よりも、速い速度であることには変わりがない。

これが潜象光は、超光速であるという理由である。なお、可視光線や、X線の数値は、理科年表（丸善）によった。

潜象界とは、どんな空間か？

これらの問題を解く鍵は、潜象界という概念を導入することである。導体に電流を流すと、その周辺に磁場が発生するのは、その周辺一帯にある「アルモノ」から、導き出されたものであると、認識するのが自然である。

その「アルモノ」を私は潜象界（潜象エネルギー空間）と呼ぶ。この潜象界は、エネルギーを有している場なのである。

エネルギー場であって、空気のような物質ではない。

このエネルギー場（潜象エネルギー場）は、通常平衡状態であるが、外界からこのエネルギー場を乱すものが投入されたとき、元のバランス（平衡状態）を保とうとする性質がある。その為にエネルギー場の状態が変化する。

例えば、誘導型モーターでは磁気と電流の相互作用でモーターを回転

させるような場が発生する。これは潜象界に磁気と電気という2つのエネルギーが持ち込まれた結果、この2つのエネルギーによって擾乱された潜象場を元の平衡のとれた状態に戻そうとする作用なのである。

　また、電流だけが場に導入されたときは、電流の流れる軸に直角な平面に磁場が現れるが、これにより場（潜象場）は元の平衡な状態に戻ると考えられる。この現象は、電流エネルギーが連続して供給され続けることにより、この状態は継続される。電流エネルギーの供給が止まると、この現象は無くなる。つまり、潜象空間は元の平衡状態に戻るのである。

　因みに、磁界の中にあっても、超高圧静電場でない限り、つまり、電流が流れていなければ、力の場は発生しないのである。また、電流の回りに磁場が発生するのは、そこに潜象エネルギー空間が存在するからである。

　逆に、磁界の中に、力の場が介在すれば、逆の原理で、電流が発生する。これが発電機の原理である。
　いずれの場合も、潜象エネルギー界が、平衡を保とうとする作用（性質）が、これら二つの現象となって、現れるのである。

　マイケルソン・モレーが測定した光速度を基準にして、かの有名なアインシュタインが、特殊相対性理論、さらにはこれを拡張した一般相対性理論を著した。
　これによると、光速度より速い速度は存在しないこと、及び、3次元空間に時間軸を導入して、4次元時間空間を構成したのである。
　また、この他にも、エネルギーの公式として、エネルギーとは光速度の2乗と質量の積であることも示しているが、これについては、第2部で、少し触れることにする。
　この理論が、現代物理学を発展させてきたことは間違いない。

しかし、この時間軸を導入した4次元時間空間というのは、どのような空間であるか、なかなか理解しづらい空間である。

仮に図示しようと思っても、表現できない空間である。強いていえば、時間軸に沿って、光速で移動する3次元空間といったところであろうか。

これに対して、潜象空間というのは、あくまでも3次元空間が基本であり、これに高次の空間が重複して、存在するという考え方である。

従って、X,Y,Zという3次元空間に重なって、眼に見えない3次元の超空間が存在するのである。

この空間は一つではなくて、重複して、幾つも存在していると考えられる。

具体的な理由は太陽系天体の項で述べるが、そこには第1次潜象圏、第2次潜象圏といったものを想定しているからである。

この空間は、実空間（X,Y,Z）と区別するために、虚空間あるいは潜象空間（潜象エネルギー空間）と呼び、次のような表示をする。

(iのn乗) X, (iのn乗) Y, (iのn乗) Z

またはX,Y,Zに添字nを付して、Xn,Yn,Zn（n=1,2,3,…）

としてもよい。

このために、物理学や数学で使われている複素平面とは違って、新たに、虚数平面、虚数空間というものを用いることになる。詳しくは、エネルギー空間の数学的表示の項で述べる。

この潜象空間には、相対性理論で用いられている時間軸は使用しない。あくまでも3次元空間が基本である。

時間軸は、この本の中では用いない。いずれ別の形で現れることになるが、ここでは話が複雑になるのを避けるため、言及しない。ここでは、相対性理論でいう空間とは、別の空間であることを、知っていただければ結構である。

また、相対性理論で規定している光速度30万キロメートル/秒は、実空間での数値とし、潜象空間での光速度は、これに拘束されない。

光速度 c を遙かに超えた速度を、潜象空間での光（潜象光）は有している。
　当然光速度を使ったエネルギーの式も、変わってゆくことになる。エネルギー空間が違ってくるからである。
　このように、潜象物理学と相対性理論の大きく違うところをまとめると、大略次のようになる。
宇宙空間はあくまでも 3 次元空間である。
この空間は潜象空間が、幾層にも重複した空間である。
潜象空間での光速度は超光速である。
　以上のことを前提として、この潜象物理学の解説を進める。

エネルギー流と場の関係

　これまでは、電流のエネルギーが、磁気に変換されるという風に、理解されていた。しかし、この考え方は、少し違っていると思える。物理学には、エネルギー保存則があって、エネルギーが他のエネルギーに変化しても、トータルのエネルギー量は変化しない、というものである。
　この考え方は、顕象空間では正しいのであるが、潜象エネルギー場を、物理の世界に導入した場合、考え方を変えなくてはならない。顕象エネルギー界のみの法則に、潜象界を加味した場合とでは、トータルのエネルギー場の考え方が違ってくる。
　このことは、将来、潜象エネルギーを引き出して、顕象エネルギーとして使用するとき問題となる。

　ある一つのエネルギー流があると、それに誘起されて、その周囲に新たな場が発生する。（例）電流の周囲に磁場が発生するような現象
　電流の例で言えば、なぜ、磁場が発生するのであろうか？
　電流のエネルギーが、磁場のエネルギーに変換されるのであろうか？

答えは"否"である。
　従来の考え方は、電気が磁気に変換された。そして、電気のエネルギーが、磁気エネルギーに変化した。だから、エネルギーの保存則によって、エネルギーの総量は、変わらないというのである。
　しかし、潜象界の概念を導入すると、電気エネルギーが持ち込まれたことによって、潜象界がその影響を受ける。その影響を補正して、元のバランスのとれた状態にするために、磁場が発生する。持ち込まれた電気エネルギーに見合った磁気エネルギーが発生して、場のアンバランスを補正する。その際、導線内を流れる電流によって、熱が発生するが、この発熱は磁場発生とは別の問題である。
　電気と磁気エネルギーが、同時に持ち込まれたときは、その二つのエネルギーによる場の乱れを補正するために、力の場が発生する。このように考えるのである。

　なぜなら、磁場の発生に伴って、電流エネルギーが減少することにはならないからである。
　一つの導体を流れる電流は、その導体内で消費される熱エネルギー（導体の抵抗によって消費されるエネルギー）以外には減少しないのである。
　これは電気エネルギーから、熱エネルギーへの変換である。
　しからば、電流の周辺に発生する磁場は、一体どこからエネルギーを得るのであろうか？今の物理学では答えを出していないが、その理由は簡単である。
　宇宙は真空であるという間違った考え方が、その前提になっているからである。宇宙が真空であるという前提に立てば、そこには、エネルギー場は発生しようがないのである。
　電流の周囲に、磁場が発生する理由は一つしかない。
　そこには、未だ知られていないエネルギー場が存在するということである。

このエネルギー場（空間）は、物理学上認識されていないが、「宇宙は真空」という前提を取り下げて、「宇宙はエネルギー空間である」という新しい概念を導入するのである。
　電流の周囲に発生する磁場は、このエネルギー空間よりもたらされたものである。
　ではなぜ磁場が発生するのであろうか？
　それはエネルギー空間の性質による。自然界は、常にバランス（平衡）するように作用する性質があるのである。
　例えば、熱の放散を考えてみると良い。一つの熱源があると、その熱源から周辺へ熱が放散されて、全体として同じ温度になると落ち着く。
　電流の場合も同じである。ポテンシャルの高い方から、低い方にむかい、エネルギーは流れるのである。

　このことから、潜象エネルギー空間は、熱や電気の場より、ポテンシャルが高いと言える。

　電流の周囲に、磁場が発生するのは、バランスの取れていたエネルギー空間に、電流という新しいエネルギーが入り込んできたため、その影響を受けて、エネルギー空間が歪んでしまうのである。
　この空間の歪みを是正するために、磁場が発生するのである。磁場発生のエネルギー源は、その周囲を包んでいるエネルギー空間が、保有しているエネルギー（潜象エネルギー）に他ならないのである。
　電流と90°異なった平面に、磁場が発生するのは、エネルギー空間の性質なのである。
　これは、モーターや、発電機の原理を考えれば、自然に分かることであるが、エネルギー空間の平衡を保つには、90°軸を変えるのが、自然界の性質なのである。
　互いに直交する電流と、磁界の間には、力の場が発生する。あるいは、

力の場（回転場と磁界の間）には、電流が発生する。
　この現象は、フレミングの左手、または右手の法則として、よく知られている現象である。多くの電気機器は、この原理を利用して出来上がっている。
　潜象エネルギーも、エネルギーに変わりはないので、これと似た法則が存在するものと思われる。
　というより、潜象エネルギー場に、この性質があるから、この法則は成り立っていると言うべきであろう。
　潜象界という潜在する場が、顕象界の背後に存在していることを、しっかり認識することが大切である。
　背後と言うよりも、顕象界と重なって、潜象界が存在しているという認識である。
　そして、この潜象界のエネルギーが、顕象界に供給されて、磁場の発生、あるいは、電流の発生をみるのである。

フレミングの法則の新しい考え方

　フレミングの法則では、モーターは左手の法則、発電機は右手の法則で示される。
　モーターは左手の親指が電磁力、人差し指が磁束、中指が電流を示す。発電機は右手の指を使い、親指が力、人差し指が磁束、中指が電流を示す。
　この法則を潜象物理学で解説すると次のようになる。この両手の親指と親指、人差し指と人差し指、中指と中指を合わせる。
　この形の意味するものは何であろうか？
　力と力が向かい合い、磁束と磁束、電流と電流の方向が向かい合うことになる。
　すると、エネルギーや、力の方向が打ち消し合ってゼロになる。磁束も、電流も同じである。この場はバランスのとれた場（フィールド）で

あることを示している。

　この場から右手を取り去ってみると、左手のみの場となる。この場はフレミングの左手の法則の場となり、モーターの場を示している。同じように右手だけの場は発電機の場を示している。

　これらの場は元々潜象エネルギーの場であるから、条件に応じて場が変化したことになる。

　例えば、導線に電流が流れる場では、その周辺に磁場が現れる。これはバランスのとれた潜象エネルギー場が、電流によって乱されたことになる。それを補償するために、その周囲に円形の磁場が現れるのである。

　バランスのとれた潜象エネルギー場に、何らかのエネルギーが持ち込まれると、それを補償して場のバランスを元に戻す為に、別のエネルギー場が現れるのである。

　興味深いのは、補償するエネルギーは90度回転した軸上に現れる。

「場とは何か？」という命題に対して、次のように新しい概念を導入する。

1. 場そのものに、エネルギーが保有されている。
2. 一つの場に発生する現象は、その場が保有するエネルギーの現れである。
3. 場は、その中で発生する現象に対して、これを中和、あるいは平衡にして、元のバランスの取れた場を、保とうとする機能（性質）がある。
4. この場の補正機能は、次元軸を90°変化させることによって、補完させる（バランスをとる）作用となって現れる。
5. 90°ずつ軸が変化するが、この変化は、3回変化すると、新しい次元に突入する。（高次元/あるいは低次元へ変化することを言う）
6. この場の持つエネルギーは、常に上位（エネルギー上位）にある次元（高エネルギー空間/場）から供給されている。

7. 下位の次元から供給される場合は、その次元のエネルギーの補給を必要とする。

　エネルギー空間にも、回転場が存在するのである。この回転から、色々な現象を生じている。
　このエネルギー回転場は、上位のエネルギー空間（場）から、下位の場に向かって、螺旋状に放散される。
　（注　霊山神社で視た上昇する潜象流と同じ　後半説明）
　下位のエネルギー空間からは、この螺旋状のエネルギー流と、反対方向の回転流となって、上位空間へ還流する。このような二つの螺旋流によって、場は平衡を保つことが出来るのである。
　この性質は、水が温度を媒体として、気体・液体・固体と変化して、循環する現象に似ている。自然エネルギー界には、このような相似性がある。

コラム　1
栄螺（サザエ）堂

会津若松に、栄螺堂という一風変わった建物がある。白虎隊のお墓の近くである。

この建物は、二重螺旋構造になっていて、上りの階段と下りの階段が、背中合わせになっている。

似た構造で思い浮かべるのは、人体細胞の構成や、電子回路に用いるツウィスト・ワイヤー（二重縒り線）である。このように、電線を縒り合わせると、流れる電流によって発生する磁場の影響をなくすことが出来る。

潜象界にも、このような構造、あるいは、機能を持つ仕組みが、存在するかも知れない。

この建物を登った人は、頂上で、下りの階段に出会う。登った方向を変えずに、そのまま下ることになる。だから登りの人と、下りの人とが、鉢合わせすることはない。

エネルギー場の流れと似通っていて、興味深い建物である。

潜象界の表示及び過去の空間について

　潜象界には、過去の空間が共存している。なかなか理解しがたい話であるが、私が体験した実例から、このように考えるのがよいと思う。もちろん顕象空間と重複している空間である。過去の時間を超越して存在している。
　アインシュタインの4次元時間空間には、ctという時間空間軸が含まれているが、これとは異質な空間である。（cは光速）
　潜象空間を、純虚数空間で表示してみようと考えている。これは、実空間（3次元空間）との関連性を考える上で、重要である。
　詳しいことは、この後に述べるが、iX軸、iY軸、iZ軸の3軸とする。（iは虚数）これは、3次元実空間に対応する。

　次元への時間軸の取り込みは、過去空間を対象とするときでよい。つまり、いわゆる3次元空間と、時間空間とは、別のカテゴリーとして、分けた方がよい。
　潜象界で、過去の状態、あるいは過去に生きていた人物などが、空間に姿を現すことは、過去の事象が、現在に現れることなので、潜象界にフリーズ（凍結）されていることになる。
　現代人は信じない人が殆どだが、そのような空間が潜象界には、幾つも幾つも重なり合って集積されているのである。様相は少し違うが、南極や北極、あるいは氷河に凍結されて存在する氷のようなものである。だから、何らかのエネルギーが与えられれば、溶解することになる。

　ここで、現代科学ではタブーとされている神霊科学の分野ことについて、実例を挙げる。

言ってみれば、過去の映像が虚数空間（高次、あるいは低次の潜象空間）に、凍結されている現象と言うべきであろうか。
　念のために言えば、この空間は物質空間ではない。
　皆さんは幽霊と呼ばれる過去の生きた人の映像を視られたことがあるであろうか？
　一般的には、こういう映像は、怨霊とか、たたりなどとして、現世の人間には、怖がられているものである。
　だが、怨霊ではなくて、現在生きている人を背後で助ける霊もある。通常守護霊とも呼ばれている。近親者の霊にみられることも多い。
　ところで、各地の神社の祭神も、過去に、この世に生きていた人達が祀られており、当然のことだが、霊として存在しているのである。
　私はそれらの祭神の顔を、何度も視ている。
　最初に視たのは、岩手県衣川村磐神社の祭神である。ここで社殿に向かって立ち、瞼を閉じたとき、祭神の顔が大きく空中に浮かんで視えた。
　同じようなことが、福島県霊山神社でもあった。また、東北高速自動車道の休憩所で、岩木山に向かって立ったとき、祭神お二人の顔が大きく空中に浮かんだ。
　このようなことが何度もあったので、過去の次元が、現在の次元空間と重複して、存在していることを知ったのである。
　祭神ではなくても、亡くなった近親者の姿（幽霊）を視た経験のある人は、数多くおられると思う。私もそういう人の姿を見たことがある。
　現代の科学は、こういう現象を否定しているが、現実にある話なのである。
　一概に、気の迷いとか、錯覚とかいって、片づけてはいけないのである。
　この過去のエネルギー場（次元）の話は、この本の主題ではないので、これ位にしておくが、神霊科学の分野も、潜象エネルギー場の延長線上にあるものとして、もっと力を入れた方がよいと思える。

エネルギー空間の数学的表示

　この潜象エネルギー空間の表示をどうするかについて、一つの考え方として、虚数を用いてはどうかと考えている。

　通常、数学や電磁気学で用いるのは、複素平面である。これは実数軸と虚数軸を用いたもので平面を表す。しかし、この表示方法には、潜象エネルギーの思想は入っていない。また複素数平面に留まっていて、純虚数平面の考え方もない。3次元空間についても、虚数軸は入っていない。3次元の複素数空間という考え方はない。

　私は潜象エネルギー空間と、顕象エネルギー空間との関連を、虚数平面、虚数空間を用いる事により、表示できるのではないかと考えているのである。

　次に示すのは、その一例である。虚数というのは、iのn乗で表示するので、演算を繰り返してゆくと、空間を重複して、同一軸上に表示でき、便利であろうと考えたのである。未だ、具体的に、きちんと潜象空間と顕象空間の表現が、これで良いか検証までは至っていないが、今後、実験を重ねたり、理論の展開につれて、逐次、確かめてゆきたいと考えている。

　当初は、潜象エネルギー空間を表示するための手段を、複素平面をベースにして、表示出来ないかと考えた。結論は、残念ながらこのままのやり方では、無理なことが判った。

　矢張り、新しい物理学は、新しい器でなければ、入れることが出来ないようである。

　「新しい酒は、新しい革袋に」という格言に従うことにした。

　そこで新しいやり方を考えてみた。

　それが、虚数のみで表される平面であり、空間である。そして、この

平面や空間が、現在、私達が認識している実空間と、関連する条件を考えてみた。

虚数平面

　通常用いられている複素平面は、X 軸が実数軸、Y 軸が虚数軸となっている。
　これでは、潜象エネルギーを表示するとき、うまく表示できない。
　そこで、X 軸も Y 軸も共に虚数表示することにした。
　iX 軸、及び iY 軸がそれである。

　複素平面と、虚数平面の違いを、図で示す（次頁　図 1、2）。
　n=0 ～ 4 までの図を示す。
　この考え方の裏には、重複した虚数平面（あるいは虚数空間）が存在することも考慮している。それは、i の n 乗という表現を用いるのである。

　　n=0 の時、X,Y となり、実数のみの表示となる。
　　n=1 の時、iX,iY となり、虚数のみの表示となる。
　　n=2 の時、-X,-Y となり、実数のマイナス表示となる。

　このとき、原点の左側は、X, 下側は Y となるから、実数軸がちょうど反転したことになる。

　　n=3 の時、-iX,-iY となり、n=1 の時を、ちょうど反転したことになる。
　　n=4 の時、X,Y となり、n=0 の時と同じになる。
　　以下、n=5,6,7,8…で、これを繰り返すことになる。

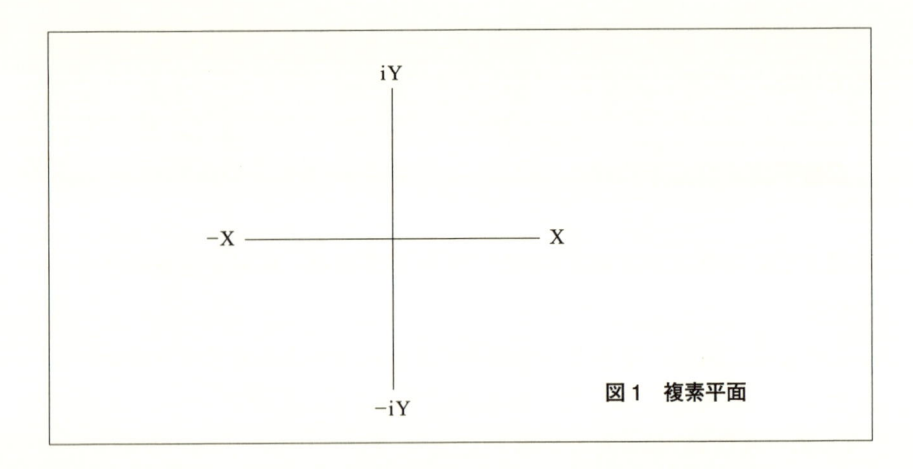

第1部　太陽系不思議物語

図1　複素平面

図2　虚数平面
（n=0、n=4のときは、
X・Y軸は実軸のみとなる）

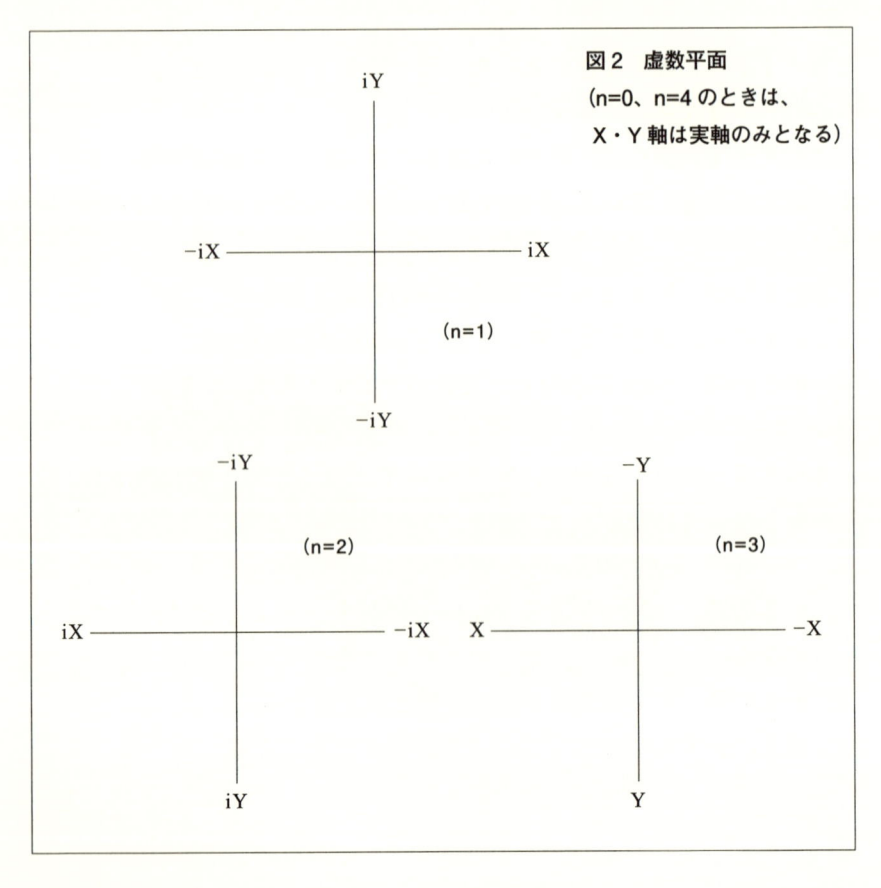

34

順次、この作業を続けてゆくと、同じことが何回も繰り返されてゆく。
　つまり、同一表示となるが、n の次元は、無限に重複して表示されることになる。
　これは、重複した平面を表すのに適している上に、実平面との関連性も出てくる。
　なお、複素平面表示も可能となる。
　複素平面の場合は、X の次元 n を、一つずらしてやるのである。
　どういうことかと言えば、

　　$i^{(n-1)} \cdot X$
　　$i^n \cdot Y$
　　　　　ただし、n=1 の場合

とすれば、複素平面になるのである。
　この点から見ても、現代の物理学と関連づけることもできる。というより、虚数平面は、実平面と、複素平面とを、包含した表現であると言える。

　　虚数空間

　虚数平面を拡張して、3次元空間を考える。
　念のため、次元の概念を再確認する。
　ここで用いられる次元とは、アインシュタイン方程式、及びその延長上にある次元の考え方ではない。時間軸を3次元に加えた4次元ではないのである。
　高次元空間とは、X,Y,Z の空間が基本であり、これを（iのn乗）したものが、高次元空間であることに留意されたい。

虚数平面を拡張して、3次元空間を表示する。
虚数平面と同じように、X,Y,Z にそれぞれ i を乗じて表現する。

$i^n X$, $i^n Y$, $i^n Z$

という表示になる。
　そして、虚数平面と同じく、n=0,1,2,3…とすることによって、重複した空間を表示することが出来る。
　このように、虚数空間を考える最大の理由は、（iのn乗）という表示を用いることにより、幾層にも重複した潜象空間を表すのに、適しているからである。

　n=0 の時は、X,Y,Z は実数となり、従来の実空間となる。
　n=1 の時は、iX,iY,iZ となり、純虚数空間となる。
　n=2 の時は、-X,-Y,-Z となり、実空間が反転することになる。
　n=3 の時は、-iX,-iY,-iZ となり、純虚数空間が反転する。
　n=4 の時は、X,Y,Z となり、実空間が再び現れる。

　このように考えると、同一空間に重複して多くの空間が存在することになる。
　ここで、n=0 のときの空間と、n=4 のときの空間とは、同一の空間であるかどうかという問題が発生するが、このことはこの理論の発展の過程で、明確になるであろう。
　また、上記の表現は、電磁気学におけるエネルギーの変化にも、使えるのではないかと考えている。
　この表現は、エネルギー空間は、90°ずつ回転（右あるいは左）する事によって別のエネルギーに転換することを意味していることになる。

これを複素空間に対応させてみると、次のようになる。

　　Xに関しては、複素平面に対応するように、$i^{(n-1)}$ 乗より始める。
　　Yに関しては、同様に考えて、i^n から始める。
　　Zに関しては、新しく設定することになる。
　　このとき、$i^{(n+1)}$ から始めてみる。

以上の条件下で3軸を表現すれば、次のようになる。

　　n=1 の時、X,iY,−Z
　　n=2 の時、iX,−Y,−iZ
　　n=3 の時、−X,−iY,Z
　　n=4 の時、−iX,Y,iZ
　　n=5 の時、X,iY,−Z

となる。
　このようにして、純虚数空間を複素空間に変えることが出来る。（もっとも、現在、物理学上、このような空間表示は用いられていない）

　なお、これらの空間のスケールであるが、n乗を目安にしてはどうかと思っている。
　このあたり、今後、潜象界を測定するツールが出来たとき、考えることになる。

潜象エネルギーと電磁気との関係

　まず手始めに、iX,iY,iZ 表示のフィールド（場）を考えてみる。

このとき、
　（ⅰ）いま、iZ に潜象電流が流れたとき、これと直角方向の平面、iX,iY に、実電流 I が流れたときと同じように、iY に磁場が発生するか、あるいは、電場が発生すると考え、その時、iY は、虚数軸から変化して、実軸（顕象エネルギー）になる。
（i×i=-1 であるから、-Y となる）
　（ⅱ）iY に潜象電流が流れたとき、iX に磁場が発生する。あるいは、電場が発生する。上記と同じように考えれば、-X となる。
　（ⅲ）（ⅰ）（ⅱ）の条件下で、iY（あるいは iX）に電流が発生する。上記と同じように考えれば、-Y,-X 軸となる。

　通常の電磁気学では、虚数 i と、電流 i では、紛らわしいので、虚数を j で表示する。
　ここでは、虚数平面、虚数空間が主体の理論なので、虚数 i を重視する立場をとることにした。
　だから、電磁気学とは逆に、虚数 i をそのままにして、電流の方を大文字の I とすることにした。だから潜象電流を表すときには、iI を用いることになる。

　iX と iY の双方に潜象エネルギーがあった場合、iZ 方向に顕象エネルギーが発生する。その時、iZ に発生するエネルギーは、｜-Z｜顕象エネルギーになるとすれば、その方向は顕象場とは違って、その逆の方向になる。（＋が－に変化する）
　同じように、-iX,-iY の時、この 2 軸に直交する Z 軸には、｜Z｜の顕象エネルギーが発生するとの考え方、つまり、潜象エネルギーが、二つの軸に加わったとき、このような現象が起こりうる。

　顕象界の運動が、潜象界に及ぼす現象の例を一つ挙げる。

長野県鬼無里村白髭神社で起きた事例である。
　現れた現象というのは、社殿の前で気の強い場所（潜象場）に立ち、私が一回転したとき、私の周囲に私を取り巻いて、白衣を着た人の輪が出来たのである。白衣を着た人達というのは、現実の人ではなくて、いわば、死者の霊である。神殿の前に眠っていた霊が立ち上がって、私を取り巻いたのである。
　人間の身体は、誘電体であるから、電場の回転ということになる。この場の変化に伴って、潜象界に異変が起きたことになる。もちろん、肉眼で見える現象ではなくて、潜象界の話である。
　白衣の人達というのは、過去の空間にフリーズ（凍結）された人達である。この人達が私の身体を囲んだことは、ある種の磁場（潜象磁場）が発生したことになる。
　例えば、紙の上に鉄粉を撒き、紙の下の方から磁石を近づけると、紙の上の鉄粉は少し立ち上がって、円形状に形が変化する。そしてそこに磁場が出来ていることを示す。この現象に似ているのである。
　このことは何を意味するであろうか？
　顕象界のエネルギーによって、潜象磁場が誘起されたものと考えられる。この現象は、顕象エネルギーが、潜象エネルギー場に影響を与えた事例と言える。
　つまり、これは、私が回転したのは実空間であり、それに伴って、虚空間に白衣の人が現れたことになる。このことは、「実空間の現象が、虚空間（潜象空間）に影響を及ぼしている」ことになるのである。
　このように、二つの空間は、お互いに密接な関係を保っていることになる。
　この現象は、電流の周りに、磁場が発生する現象によく似ている。

　この例から判るように、二つの空間において、エネルギーの変換がなされ、その結果、顕象磁場、あるいは顕象電場となる。もしくは、顕象

電流が発生する。

　過去に自衛隊機が原因不明の墜落事故を起こした、宮城県宮崎町の宝森付近で視えた潜象の赤い山や、湯殿山での盛り上がった潜象光の山は、虚電場なのか、あるいは虚磁場の山なのか、潜象ポテンシャルの高まりなのか？
　これらの山は潜象光が盛り上がって、山の形になっていたことから、極めてポテンシャルの高い潜象エネルギー場であると言える。詳しいことは『神々の棲む山・たま出版』を参照頂きたい。

潜象（虚）空間と、顕象（実）空間について

(1) iZ 軸に電流 I が流れたとする。
　このとき、I の周りに、磁場が発生する。
　このとき、iZ は実軸 Z になる。
　そして発生する磁場は、iX, iY 平面であるから、iX は X、iY は Y と、実軸に変化して、磁場平面となる。
　この現象は、平衡状態にある潜象界に、電流というエネルギーが投入されたため、場の平衡状態が乱され、平衡を保つために、電流と直角の方向に、磁場が発生したと考える。磁場が発生しても、電流値が変化するわけではない。潜象エネルギー場の状態が、変化しただけである。それが現象的に、磁場として観測されたのである。

(2) 上記の説明は、iX, iY, iZ を、X, Y, Z に書き換えると、どの電磁気学の本にも書いてある電磁気界の常識である。しかしここで説明が終わっている。
　私はその続きを書くことにする。
　この平面上に出来た磁界は、当然のことながら、電流の流れている電

線の長さのところまで、連続しているはずである。
　このところに、電流が流れる導線のまわりに発生する磁場の説明を拡張した立体的な説明図を追加する。
　つまり、磁束の円筒が出来ていることになる。それを図示すれば、下図のようになる。

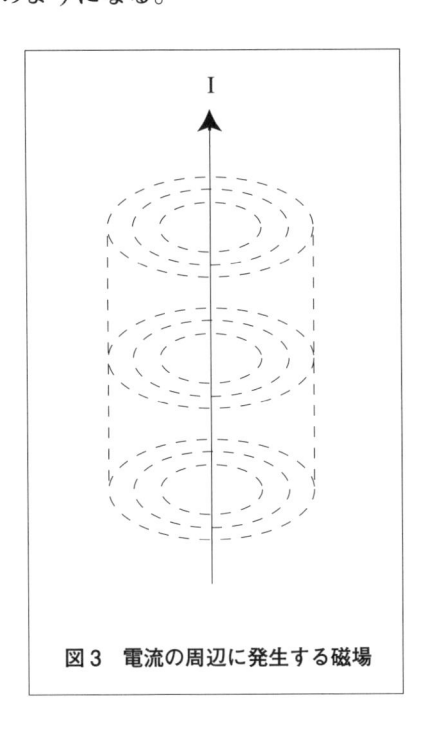

図3　電流の周辺に発生する磁場

　私が追加したいのは、これだけではない。
　この円筒状の磁界は、単に、輪状の磁界が積み重なっているというよりも、螺旋状に連続しているであろうということである。
　つまり、単に、電流が流れる導線の周りに、発生する磁界は、同心円の積み重ねではなくて、連続した磁界になっているであろうということである。

41

ここでもう一つの電流と磁界の関係を思い出して欲しい。
　それは、円筒状に巻いたコイルに、電流を流すと、コイルの内側に磁界が発生する現象である。
　電流と磁界が入れ替わっているが、現象としては同じものである。
　念のため、もう一度言えば、電流によって、潜象エネルギー界は、平衡を失い、それを補償するために、磁界を発生させる。そして、エネルギー場は、元の平衡を保とうとするのである。

　これと同じことが、潜象エネルギーだけでも、出現するであろうと考えている。そして、超古代文明では、それを具体的に造り上げたのが、九州福岡県の高良山神社の神護石である。
　山肌に、石を螺旋状に巻き付けて、先端をとがらすことで、この潜象エネルギー場を、先端で集約し、ここに巨大エネルギーを集積させうると、超古代人は考えたのであろう。
　これは、潜象エネルギー場を知っていた、超古代文明の発想であると思われる。このような神護石遺跡は、九州や山口県に数カ所存在する。
　世界各地に散在する超古代の巨石文明遺跡を、単に信仰のために築いたものという考えかたではなくて、超古代人はこれらの巨石構造物を用いて、自然のエネルギーを利用していたと考えるべきである。
　このような遺跡からは、現在でも何らかのエネルギーが放出されているので、神仏を信仰する感受性の鋭い人々には、それを「気」として受け取られ、それが現在の信仰につながっていると考えられるのである。
　実際に、私がこれらの遺跡の石組みのところに立って、眼を閉じると、色々な潜象光を視ることが出来る。

　このことは、なにも日本に限ったことではない。世界中にある巨石遺跡がそれを物語っている。
　英国にはストーンサークル遺跡が三百カ所以上存在している。そして

現在でも、魔女といわれる人達が多くおられる。これらの魔女達はストーンサークルの中にはいって祈りを捧げている。このストーンサークルの中にはいると、一種独特な雰囲気を感じるそうである。数年前、NHK（衛星放送）がこの状況を、放映したことがある。

また、エジプトのクフ王のピラミッドの中で一夜を過ごすと、非常に変わった体験をするという話を読んだことがある。ピラミッドは巨大な潜象エネルギーが集積する装置と考えられる。

このように世界各地に巨石を用いた潜象エネルギー集積装置の遺跡がいまも存在している。

筆者は英国のこれらの遺跡を調査して、日本と同じく潜象光を発していることを確認した。

この話の今ひとつの実例は、福島県にある霊山神社での出来事である。（『神々の棲む山』たま出版）

ここでは、空中に巨大な潜象エネルギーの螺旋状になった上昇流があることを示していた。

この空間には、実電流は何も存在していなかった。もちろん、顕著な実磁場も、存在していなかった。

なのに、なぜこのような螺旋状の上昇流が現れたのであろう。

このとき、螺旋上昇流の中心部には、どのようなエネルギーが存在していたのであろうか？

実電流と、実磁場のように、潜象電流と潜象磁場が、発生していたからであろうと考えた。

出羽三山の一つ湯殿山では、正三角形を形成する三山の間に、潜象界の大きな回転流がみられた。

これらのことから、石英を多く含む山では、潜象エネルギーを集積させ、それによって、顕象界と似たエネルギー場を出現させることが出来る、と言うことになる。

出現したエネルギー場で、力の場は、顕象エネルギー場の力の場と、同等の現象を示すのではないか？
　皆神山地震のように、岩盤を振動させたのも、同じように、潜象エネルギーによるのではないかと考えている。
　なぜなら、ここでは、他に火山活動や、断層などの地殻変動のような、地震を発生させるエネルギーの流入はなかったのである。(『霊山パワーと皆神山の謎』参照)

(3) 磁場のあるところに、その磁場と直角の方向に電流が流れた場合、(いわゆるフレミングの左手の法則)
　前に述べたように、潜象エネルギーの場合、これにより発生する力の方向は、実電流、及び電磁場の場合と、逆の方向になろう。
　磁場は顕象空間ではなくて、潜象空間であると言えるかは、むずかしい問題なので、このことについては、もう少し検討を要する。ただ、少なくとも、その接点であるということは言えよう。
　潜象エネルギーが、顕象エネルギーに変化する元は、磁場からであると言って良いのではなかろうか。
　皆神山の振動地震は、どういう形での潜象エネルギーの流入があったのであろうか。
　電気通信機器で用いる水晶発振器の場合は、振動片の両端に電圧を加えるだけで、水晶片は発振する。
　石英を多量に含む岩盤（例えば砂岩の岩坂）が振動する理由を、同じように考えれば、この岩石に加えられた潜象電圧ということになる。あるいは潜象エネルギーが顕象電圧に変化して、岩板に加わったことになる。
　またこの地震の際、発光現象が観測されているが、これは発光ダイオードか、それに類する現象と思われる。
　このあたりのことを研究すると、将来、潜象エネルギーの顕象エネ

ギー転換の方法が、見つかるものと思う。

磁界（潜象界）と虚電流（潜象電流）

　そもそも磁界というのは何か？
　永久磁石の周りには、磁場が発生する。この磁場は、いくら使っても磁場エネルギーは殆ど減らない。なぜか？

　電気とは何か？
　磁気とは何か？
　についての明確な判断（エネルギー空間としての理解）は、未だ充分とは言えない。
　電気や、磁気・電磁波というものは、3次元空間を超えたエネルギー空間の一つとして、捉えなければならない。
　そして、このエネルギー空間の背後には、更に高次のエネルギー空間が存在していることを認識すべきである。

　前に述べたように、フレミングの法則で用いる、右手と左手の指が合わさった状態が、潜象界が平衡を保っている状態と考えられるのである。このうち、一つでも崩れると、場の平衡が乱れ、場はそれを元の平衡状態に、戻そうとするエネルギーの動きが始まる。
　例えば、場に一つの電荷が投入されたとき、場のバランスが崩れる。するとそれを補償しようとする働きが現れる。それが、顕象界のエネルギーとして、観測されるし、そこに現れたエネルギーを、私達は利用する。
　ところで、磁場とは何か？と言ったとき、これは潜象エネルギーが、顕象エネルギーに変化する最初のステップであろうと考える。
　磁場こそが、潜象エネルギーを、顕象エネルギーに変える糸口に、なっているのではないかと考えられるのである。

コラム　2
量子論の前提と潜象界

多少余談になるが、場を論ずる量子論では、その前提として、宇宙は真空であるとしている。

また、光速（c）と時間（t）との積（ct）を一つの次元とする、特殊相対性理論を取り入れて、4次元の場の状態を表している。このようにして組み立てられた4次元空間と、宇宙は真空ではなくて、潜象エネルギーに満ちた空間が、3次元の顕象空間と、幾層にも重複して存在してると考える潜象エネルギー空間とは、根本的に異なっている。

この重複した空間は、あくまでも3次元であって、時間には関わらない。時間が関わるのは、場の時間的な変化の場合である。

この条件は、潜象界を導入することによって、変更されることになる。潜象界から、「低次の次元のフィールドにエネルギーが供給される」と言う前提（定義）に立つのである。

これから判るように、真空を潜象エネルギー場と変更することにより、量子論の構成も変わることになる。

潜象エネルギー場の変化

　潜象エネルギー場に、そのバランス（均衡）を崩す何かが加えられたとき、その崩れたバランスを保つために、現れる現象が磁場である。
　磁場は潜象エネルギー場のバランスを保つための、一つの手段であると言える。この性質を利用することによって磁場を発生させ、潜象エネルギーを顕象エネルギー場に流出させることが出来る。
　このエネルギーには、面白い性質がある。一つのエネルギーが、他のエネルギーに転化するとき、方向が90度変化するという性質である。電気と磁気の法則に、フレミングの法則があるが、これは、電気・磁気・力の三つのエネルギーが、それぞれ90度違っている。これも一つのエネルギーが、別種のエネルギーに転化するときに現れる現象である。
　潜象エネルギー場が、顕象エネルギー場の変化で、変動するのは、この二つの場が、密接な関係を有していることを意味する。
　言い方を変えれば、顕象エネルギー場は、潜象エネルギー場によって、支えられているのである。
　顕象エネルギー場は、有限の世界（場）であるが、その背後に控えている潜象エネルギー場は、無限の世界（場）であると言える。
　顕象エネルギー場は、一つの動作、あるいは、一つの作用（電気）が有限である。だから、顕象エネルギーを与え続けないと、その動作（作用）は終結する。
　しかし、潜象エネルギー場は、無限のエネルギーを保有していて、いくらでも供給することが出来る。
　現在の物理学では、回転によって、力の場を発生させ、それによって、電流を発生させる技術を発見した。回転が続く限り、周辺磁場から潜象エネルギーを引き出させ、それにより、電気を得ることが出来る。

またそれによって得た電気によって、ものを回転させることが出来る。

このお互いに正反対の現象をうまく組み合わせて、現代の科学は、文明を創り上げた。しかし、その為には、色々な物質を必要としている。水力発電では、大きな貯水池を造るために、巨大なダムを必要とする。ダムの水力の代わりに、火力を用いるときは、石油や天然ガスのような化石燃料を必要とする。あるいは、原子力を利用した発電となる。

電気に限らず、直接ものを動かそうとすると、化石燃料を直接燃焼させて、動力エネルギーとしている。航空機・車・船のエンジンが、それである。

これらはすべて、これらの顕象エネルギーをベースにしている。現代文明は、基本的に、この組み合わせの上に成り立っている。

では、潜象エネルギーのみの世界（場）で、結果として、顕象エネルギーが得られるであろうか？

その為には、潜象磁場と、潜象電場の組み合わせが出来るのか？

このようなメカニズムを探し出せると、現代の物理学が大きな変貌を遂げることになる。

潜象エネルギーと石英

この潜象電場を得るための一つの手段が、水晶（石英）であると考えている。これ以外にも、特殊なコイルなどで、考案されると思われるが、自然界を利用してとなると、まず、石英であろう。

ただ、石英の場合は、顕象界で言う静電場であろうと推察される。現在の科学をベースに考えると、動力として活用するには、電流を必要とする。将来は、電流を必要としない動力が望ましい。

一つの例としては、静電モーターがあるように、超高圧静電場では、電流が殆ど無くても、動力としてのモーターは、作れるのである。

それで石英とはどういうものか調べてみた。

　潜象エネルギーと大きな関わりを持つ石英とは、一体どんな鉱物であろうか？

　鉱物学的説明を述べる。(『岩石と鉱物の写真図鑑』クリス＝ペラント著、日本ヴォーグ社)

　一般的には、水晶という名で呼ばれることが多い。地球上に、普遍的に存在しており、六方柱状で、端部が菱面体面、錐面で囲まれた結晶をつくる。結晶面には、大抵、条線があり、双晶は偏きしている。塊状、粒状、団塊状、鐘乳状、隠微品質などでも産する。

　色は、白、灰色、赤色、、紫色、淡紅色、黄色、緑色、褐色、黒、無色など多彩である。

　火成岩、変成岩、堆積岩のいずれにも生成する。三方晶系、あるいは六方晶系に区分される。

　分子式は、SiO_2である。物理的には、薄くカットして、電圧を加えると、振動を発生する。この発振は安定しているので、水晶発振器として、通信機器などに用いられる。また、圧電性物質でもある。これは、ある方向から力を加えると、決まった方向に誘電分極する。これを圧電現象という。この現象が顕著に現れるのは、チタン酸バリウムや、ロッシェル塩であるが、水晶にもこの性質がある。(理科年表　丸善)

　これが水晶の一般的性質である。石英の結晶が六方晶系であるのは、潜象エネルギーを引き出すのに、何らかの役割を果たしているように思える。

　自然界の現象で、六方晶系を形づくっているので有名なものは、雪の結晶である。雪の研究で有名なのは、中谷宇吉郎氏で、著書「雪」(岩波新書)には、いろんな雪の結晶がでてくる。形は色々あるが、いずれも六角形を示しているのが興味深い。

　自然界で、水が凍って雪になるとき、六角形に結晶するのは、自然界

の性質なのであろう。鉱物ではそれが水晶（石英）なのである。言ってみれば、潜象エネルギーを引き出すのに、この形状が適しているのであろう。

　以上が、石英の鉱物学的、及び、電磁気学的な説明である。

　圧力を加えると、電気を発生するし、また、電圧をかけると、振動するという性質は注目に値する。
　これからは、この石英が潜象界のエネルギーと、どう関わっているかを研究するのは、大切なことである。

　これまで、電気、磁気は、共に顕象エネルギーとして、取り扱ってきた。
　この二つのエネルギーと似た現象を現すものとして、潜電気、潜磁気という考え方を、導入してみる。電気、磁気と同じ作用、現象を示すものという考え方である。

　まず、潜電気（潜電場）の話から始める。
　水晶が電圧を加えると、振動することはよく知られている。一方、潜電気でも、同様のことが、発生するであろうか？
　実は、似た現象が、発生するのである。このことを裏付ける現象が過去に発生しているのである。それは、1965年から約2年半に亘って発生した長野市松代町に発生した松代群発地震である。
　この地震は、普通の地震、地殻のずれによって発生する断層地震とか、火山性地震と趣を異にした地震であった。
　震源の深さが、1キロメートルから5キロメートルといったごく浅いところにあった地震である。震源は、松代町の皆神山の地下に集中していた。しかも、皆神山地下にある十数層の岩盤の振動によって、発生した地震であった。このことは、地震がほぼ収束した時点で、地下2000メートルの深層ボーリングが行われて、データが採取されている。

その結果、岩盤の状態が判明したのであるが、その中には、数多くの破砕帯があることが判った。
　『霊山パワーと皆神山の謎』（今日の話題社）のなかで、そのデータと、条件を設定して、岩盤震動の可能性の試算を行ってみた。
　その結果、岩盤の震動が、地震の原因であると、推定できたのである。岩盤の振動だったので、普通の地震とは違った震動地震となったのである。このことは同書に詳しく説明した。
　岩盤が震動したことは、判ったが、なぜ震動（振動）したのか？そのエネルギーは、どこから来たものなのか？ということに関しては、現代の物理学では、まったく説明できない状態である。エネルギーが流入しない限り、巨大な岩盤が振動することはないのである。では、その巨大なエネルギーとは一体どんなものであろうか？
　火山性地震のように、地下マグマの噴出ではない。また大規模地震のように、断層のずれによるものでもない。それに、震源が地下1キロメートルから数キロメートルというごく浅い場所であることが、一般の地震とは大きく異なっている。

　このような箇所の地盤は、断層でもない限り、地盤がずれて、地震になることはない。
　特に、この松代地震は、群発地震と名前がついているように、震動ではなくて、恰も地下が「振動」しているように、極めて短周期で連続して揺れたのである。
　このような振動が、約2年半もの間に、六万回以上も、有感地震として記録されている。
　第一期活動期（1965年8月から1966年2月）には、一ヶ月に数千回という地震が記録されている。特に、11月22日、23日には、震度Ⅳの地震3回を含め、地震回数2000回以上、その内有感地震200回以上という記録が残っている。

そして、これらの震源区域は、皆神山の南東部を中心とする比較的狭い範囲に限られている。

このように、連続した揺れが続くと、震動と言うよりも、地盤が「振動」しているという方が正しいと思える。

巨大な地盤が、どうして振動するのであろうか？元々振動というのは、他からエネルギーの供給がないと、発生しないものである。

水晶（石英）は、ピエゾ効果といって、力を加えると、帯電するという性質がある。しかし、この場合、何一つ他から力が加わっていないし、電圧もかかっていない。

水晶には、電圧を加えると振動するという性質もある。この群発地震の場合は、振動したのであるから、電圧が加わった時に発生する現象に似ている。

しかし極めて薄い水晶片に電圧をかけて、振動させるのと違って、巨大な岩盤を振動させるには、巨大な電圧を必要とする。因みに、私が試算に用いた数値は、幅200メートルとか、幅500メートルで、厚さ20メートルや、50メートルといった岩盤を想定した。岩は石英を70パーセント以上含む砂岩である。このような砂岩その他が、深層ボーリングの結果、多くの破砕帯として、サンプルが採取されている。

このように巨大な岩盤を振動させるには、莫大なエネルギーを必要とする。人工的なものはなくて、自然のままの状態で、岩盤が振動するような巨大なエネルギーが、一体どこから来たのであろうか？

現代物理学では、まったく説明の付かない現象である。しかし、岩盤が振動して、地震が発生したのは、ゆるがせない事実である。

私はそれが潜象エネルギーであったと考えている。それ以外には、岩盤に流入したエネルギーはないからである。ただし、流入したエネルギーは、潜象光ではなくて、もっと、ずっと波長の長い潜象エネルギーであったと考えられる。

因みに、ここの振動地震は、微弱ではあるが、現在でも年間、数百回

発生している。

　またこの地震では、発光現象も観測され、写真も多く撮影されている。『霊山パワーと皆神山の謎』のなかに、松代地震研究所の了解を得て、この発光現象写真を二葉掲載したが、この発光は間違いなく、群発地震に伴ったものであることが、はっきりしている。

　この発光現象も、その原因は、潜象エネルギーの流入したもの以外には、エネルギーとして見当たらない。

　なお、発光現象はこの地震だけでなく、以前、九州の別府湾の地震でも、観測された記録もある。ただし、このときの写真はない。

　また、発光現象を発生させた潜象エネルギーは、岩盤を振動させた潜象エネルギーとは違って、もっと、波長の短いものであったと推察される。

　このように、潜象エネルギーと言っても、その波長の範囲は、非常に広いことが判る。

コラム 3
トルネード（竜巻）の話

北半球で発生する台風は左回りである。この理由として、気象学では、台風の北側では、東から西へ風が吹き、台風の南側では、西から東へ風が吹く。そのためコリオリ力の影響で、台風は左回りの渦を巻くように、風が吹くと説明している。
このコリオリ力というのは、ニュートンの運動の法則に従う力ではなくて、見かけ上の力ということになっている。

台風の眼のところには、緩やかな上昇流があるというが、台風が通過するとき、その眼の中では、極めて低い気圧は感じられても、上昇流は殆ど感じない。
一方、トルネード（竜巻）の場合、その眼の中にはいると、家でも車でも、空中に吸い上げられてしまう。
興味があるのは、時によっては、トルネードの回転によって、破壊された家屋とは別に、トルネードのなかに、すっぽりと取り込まれた家屋の場合、この空中に浮揚した家屋が、猛烈な風速にも拘わらず殆ど損傷を受けずに、トルネードに空中を運ばれて、数百メートルも離れた場所に移動したという実例が、米国ではあったということである。
この吸い上げる力は気圧の低さによるものと言われているが、このことを少し考えてみる。
このように、トルネード（渦流）の発生に伴って、その面に垂直な方向に、空気の上昇流ではなくて、上向きの力の場が発生していると考えると、話は大分違ってくる。
この力の場というのは、気圧差によるものではなくて、流体力

学や、電磁気学で取り扱う、流れの中に発生した渦流の面に垂直方向に発生する力の場であると、考えて良いことになる。

トルネードは猛烈な風速なので、その中にはいるのは危険で、その内部の状況を観測できない。単に、気圧や風速を測定するのが関の山である。だから、これまではトルネードの低い気圧が家屋や車を空中に持ち上げると、考えられてきた。

しかし、よく考えてみると、トルネードの内部は低気圧とはいっても、その内部領域に限っていえば、一様な気圧なのだから、強い上昇気流の発生要因は見当たらない。

従って、家屋や車を空中に持ち上げる力とは、別の要因、つまり、渦流に伴って発生する上向きの力の場によるものと考えるのがよいのである。

この垂直力が、流体力学で、一つの流れの中で回転流が発生したときに、観測される垂直力と、同種のものなのである。

トルネードほど強い風力でない台風の場合、台風の眼にあたるところでは、低気圧とはいっても、上昇流は殆ど感じない、穏やかな状態になることを、筆者は実感したことがある。

このことから、風速が 30m とか、40m ぐらいでは、顕著な上向きの力の場の発生には、至らないのであろう。

また、このことには、竜巻はその範囲が狭いのに対し、台風の場合は、眼の大きさが大分違っているのも、一因であろう。

コラム　4
洗面台の排水の際に発生する渦現象

もう一つ考えられる現象がある。日常、誰しも経験することであるが、洗面台に水を張って、顔を洗った後、排水するとき、洗面台の排水口のところに渦が発生する。この渦は右回りの渦である。

この渦の発生する理由は排水にある。地球重力で排水するから、Z軸方向の力が発生して、水が落下する。それに伴って、渦が発生することになる。つまり、下方へエネルギー（水流）が流出することにより、Z軸方向の力が発生したことになる。それによって、渦が出来るのである。

これを潜象界に当てはめると、力の発生方向と、90度異なった平面に渦が発生することになる。

ここでは、潜象界の現象と、顕象界の現象が重複しているとも考えられる。

潜象界から顕象界へのエネルギーの流出が、潜象界に渦の発生をもたらしているという考え方が出来る。（この場合、重力は潜象界の力と考える）

この考え方を進めてゆくと、前に述べた考え方とは逆に、渦は内側から外側へ向かって、伝播するから、内側の方が回転速度は速いと言うことになり、発想の違いが出てくる。

洗面台に発生する渦流は、トルネードとは逆の現象である。トルネードの場合は、渦流の発生に伴って、上向きの力の場が発生した。

これに対して、洗面台の場合は、排水に伴って洗面台の水に渦

流が発生する現象である。
この渦流は排水に伴うものであるから、地球重力によるものである。つまり、下向きの力の場によって、渦が発生していることになる。
このように考えると、洗面台に発生する渦流の向きが、台風やトルネードの向き（サテライトから送信された天気図の渦流の向き）と、逆の水流になる理由が判る。

回転場の面に垂直に発生する力の場であるが、現象的にみれば、現在の流体力学の範囲でも、十分説明できる。取り立てて、潜象エネルギーを持ち出さなくても済むように思える。
しかし、潜象界と顕象界との関連、顕象界の作用が潜象界に与える影響、また、潜象界に発生した眼に視えない現象が、顕象界に与える影響を考えると、別の見方が出来るのである。
この例でいえば、地球重力（潜象界）が排水（顕象界）現象を発生させ、それに伴って、渦流（顕象界）が発生したと考えることも出来る。
トルネードの場合は、これとは逆で、渦流（顕象界）の発生が渦流領域内に上向きの垂直力（潜象界）を発生させ、それによって、物体（家屋、車等）を持ち上げる現象（顕象界）を起こしたと考えることも出来る。
洗面台の排水の場合は、その逆で、垂直な流れがあると、そこには渦流が発生するという、相反する現象がみられる。このことは、現象は違うが、電磁気におけるモーターと発電の関係とも似ている。（地球重力を顕象界の力とする考えもある）
この渦流の現象は、潜象界からのエネルギー流出の場合に、適用できそうである。

自然界の正三角形と回転場

　霊山といわれる山に発生している潜象光を視て歩いていて、気が付いたことがある。それは、山の頂上が正三角形になる配置の山の場合、三つの山の間に、潜象光とは違うエネルギーが発生することである。
　例えば、出羽三山の一つである湯殿山では、薬師岳、仙人岳の三山が、正確に正三角形を形成している。そしてこの三山の間には、回転流が発生していた。
　また、宮城県宮崎町にある山では、大明神山、宝森、黒森、二つ森山などが、正三角形や、いくつもの二等辺三角形を形成している。
　この地域で特筆すべきことは、これらの山々からの潜象エネルギーの集約されたものが、一カ所に集中して、潜象の赤い山、（肉眼では視えぬ潜象エネルギーが盛り上がった山）を形成していた。
　この赤い潜象光の山は、潜象エネルギーが集積して、ポテンシャルが非常に高くなった潜象場であると考えられる。
　福島県では、霊山神社の付近にも、このような潜象エネルギーの場がある。ここでは、緩やかな螺旋状の上昇流があった。これらの流れは、肉眼では確認できないが、円形の潜象エネルギー流である。
　この現象は、誘導型回転モーターに3相交流を流したとき、場の回転が発生して、モーターが回転する現象によく似ている。

　電磁気学では、三相誘導モーターがある。円形のコアに三つのコイルを巻き、それぞれ、位相が120度違う電流を流してやると、この中に取り付けられた回転子は、ぐるぐる回るのである。
　このモーターが発明されて、現代文明は大きく進歩した。
　三つの山の間に発生する円形潜象流は、いわば巨大な自然のモーター

である。潜象界のエネルギーによって、回転するモーターといって良い。
　このような潜象界の回転流を、顕象界の力の場として、利用することが出来れば、現代の物理とは違った潜象物理による新しい文明が、幕を開けることになる。
　この新しい物理学・潜象エネルギー場の導入にあたって、太陽系の星達をテーマにして、潜象物理学的な考え方をしてみる。
　すると、これまで私達が考えていた太陽系とは、まったく違ったものになってくる。

潜象エネルギー界と太陽系の星達

太陽系の構成

　宇宙で、私達に最も身近で、最も大切で、関連深い星といえば、太陽であり、太陽系を形作っている惑星達である。
　そして、地球にとって唯一の衛星・月である。
　太陽と月が身近にあって、地球に多くの恵みを与えていることは、はるか太古の昔から、地球に住んでいる人類は、理屈抜きによく知っている。
　この太陽系であるが、天文学が発達し、望遠鏡での観測や、宇宙探査機などの情報で、色々なことが判ってきた。
　しかし、未だ判っていないことが幾つもある。
　誰でも知っていることであるが、太陽を中心として公転している惑星は、太陽から近い順に、水星、金星、地球、火星、小惑星群、木星、土星、天王星、そして海王星である。この外側に位置している冥王星は、最近、惑星の枠から外れて、準惑星となった。
　水星と金星を内惑星、地球から外側の惑星を、外惑星と呼んでいる。

内惑星と外惑星とでは、その性質が大分異なっているが、これらの惑星は、太陽を中心として、楕円軌道上を公転している。
　この太陽系の惑星の配置や、運動については、ケプラーの法則がある。
　この法則というのは、J. ケプラー（1571～1630　ドイツの天文学者）が発見した3つの法則である。

　　第一法則　惑星の軌道は、太陽を一つの焦点とする楕円である。
　　第二法則　太陽と惑星を結ぶ動経が一定時間に通過する面積は、いつでも同じである。これは面積速度一定の法則と呼ばれている。
　　第三法則　惑星軌道長半径の3乗と公転周期の2乗との比は、どの惑星で考えても、一定となる。これは調和の法則と呼ばれている。
　　　　　　　　　　　　　　（『天体力学入門』長澤工著・地人書館）

　惑星達は、この法則に従って、公転しているのであるが、不思議なことが一つある。
　それは何かというと、惑星は楕円軌道上を運行しているにもかかわらず、太陽は一つしかない。
　なぜであろうか？
　この物語はここから始まる。

もう一つの太陽

　太陽系の第一の疑問は、太陽は一つしかないのに、惑星達はなぜ楕円軌道上を、公転しているかである。

　まず答えを先に言おう。
　太陽には、肉眼で観測されていないもう一つの太陽が存在すると考えるべきである。そしてその太陽は、楕円軌道のもう一つの焦点のところに存在している。このもう一つの太陽のことを、肉眼では見えない太陽

なので、潜象太陽と呼ぶことにする。

つまり、太陽（顕象太陽）と、潜象太陽とが、それぞれの焦点の場所に存在しているのである。

なぜこのように考えるかというと、ケプラーの法則は、3つの法則から成り立っていて、それの基になっているのは、惑星は楕円軌道を描くということなのである。

そもそも、数学上、楕円を描くには、二つの焦点がなければならない。これが基本である。

つまり、二つの焦点から、各惑星に対して力を及ぼしているのである。

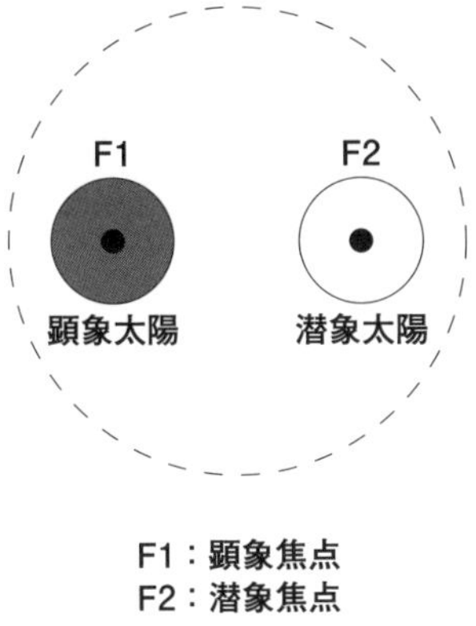

図4　太陽圏の構成
顕在太陽と潜象太陽が存在して一つの太陽の引力源と考える

だから惑星は楕円軌道を描いて太陽の周りを公転することが出来るのである。

もし、第二の焦点に、力を発生するものがなければ、楕円軌道そのものが成立しないし、潜象太陽が第二の焦点に存在するから、惑星の公転が成り立つと考えるのが、一番自然な話である。

目で見える太陽だけを考えるのは、片手落ちというものである。肉眼で見えなくても、力の発生源がないと、楕円の公転軌道は成り立たないのである。

しかし、このことについて、現代の天文学では、次のような説明になっている。

取り上げているのは、円錐曲線理論である。円錐をある平面で切り取ったとき、その切り方によって、3つの曲線が得られる。

一つは楕円であり、次は放物線であり、もう一つは双曲線である。

この第一の楕円が惑星の公転軌道の軌跡になることは、誰でも知っている。この説明を数学的に説明するのは、一般向きではないので、概略に止める。なぜ楕円になるのかについての説明は、フーリエ級数に展開して得られる。（計算に興味のある方は、前述天体力学入門を参照されると良い）

　こういう計算法によって、楕円のもう一つの焦点に何もなくても、惑星の楕円軌道上の位置の計算は出来る。だから説明上、何ら支障はない。

　目で見える太陽は一つだけだから、現象的には完結している。

　しかし、素朴な疑問、「なぜ惑星は、楕円軌道を描くか？」についての説明はこれで充分なのであろうか？

　楕円のもう一つの焦点にあたるところに、何もなくても、惑星は楕円軌道を描けるのか？

　不思議な話である。楕円というのは、二つの焦点を持っており、それぞれの焦点からの距離の和が、一定であるという数学上の理論に対する答えには、なっていないのである。

　これに対する考え方は他にないのであろうか？

　惑星は、太陽を楕円の焦点のひとつとして、公転していることは、よく知られている。でも、なぜ楕円の焦点のひとつなのであろうか？

　その理由は、まったく判らない。現象的に、このように観測されているのである。

　そして各惑星の離心率（円の中心からどれだけずれているか）は一様ではなくて、バラバラである。離心率の大きいのは、水星（0.2）と、冥王星（0.25）である。最近、冥王星は、準惑星と呼ばれ、太陽系惑星の列から外されたので、水星だけが大きくずれていることになる。なお、最近は、この冥王星の外側にも、太陽系に属するとみられる星が多く発見されている。

数学で言う楕円の条件は何かというと、二つの点からの距離の和が、一定であることである。このとき、軌跡は楕円を描く。二つの点を焦点と呼ぶ。

　この実験は極く簡単である。画面上に二つのピンを少し離して立てる。ピンの間隔よりも３倍ほど長いひもを、輪にしてこのピンにかける。

　鉛筆でひもをピンと張って、ひもがゆるまないように動かしてみる。すると、鉛筆で楕円が書ける。この楕円の焦点というのが、ピンの位置になる。

　ピンの間隔が大きいほど、楕円は扁平になる。ピンの間隔が狭まり、同じ位置になると、円が描ける。

　話を太陽系に戻してみる。

　太陽系を眺めてみると、二つの焦点とはいいながら、太陽は一つしかない。なのに、惑星達は楕円軌道を描いて公転している。

　数学上の極めてはっきりした楕円軌道の法則とは、まったく違う条件なのに、惑星達は、楕円軌道上を動いている。

　これを解く鍵は、前に述べたように、もう一つの焦点のところに、目には見えないが、もう一つの太陽（潜象太陽）が存在していると、想定することである。

　このように考えると、二つの焦点に、それぞれ力の源があり、それによって、惑星達は楕円軌道を描くことが出来るのである。

　ではこの潜象太陽とは、一体どんなものであろうか？

　地球から観測した限り、熱源も光源も電磁波の発信源でもない太陽である。このようなエネルギーは何一つ発していなくて、楕円軌道だけを描かせる力のみを有している太陽なのであろうか？

　恐らくは、潜象エネルギーを発し、その一部が潜象引力であると、考え方が良いであろう。潜象引力が発生していなければ、潜象太陽を想定しても意味がない。ここにも力源があって、始めて２焦点による惑

星の楕円運動の説明が付く。

　理論上、そうであるというしかない。惑星の運動を考えると、もう一つの太陽を考えなくてはならないのである。

　引力を含む潜象エネルギーを発する仮想（潜象）太陽と、いうことになるが、ここで科学が未だ認識していないエネルギー／潜象エネルギーの例を挙げる。

　皆神山地震である。このことは前に説明したように、皆神山地下の岩盤に、大量のエネルギーが流入して、岩盤に振動を発生させた。

　震源は極めて浅く、地下1キロメートルから5キロメートルぐらいの浅いところであった。また、地震の状況が岩盤が震動ではなくて、まさに、振動している様子であった。

　私は松代地震センターで、当時の記録を見せてもらったが、普通一般の地震データとは違って、電気回路で発生する振動によく似た連続した振動波形が、記録されていたのである。

　皆神山の地層には、石英が大量に含まれていた。そして、それに潜象エネルギーが、岩盤に吸収されて振動を起こしたものとみられる。

　このとき、潜象エネルギーが固体を動かす力を発揮することが判った。このあと、『実用振動計算法』（小堀与一著・工学図書）により、岩盤が振動する条件を試算してみたが、その可能性があることが判明した。

　またこの地震では、発光現象が撮影されている。岩石を振動させるだけでなく、可視光線も発生させている。

　このように、潜象エネルギーが力や、眼に見える光を発生させるのである。

　目には見えないが、宇宙空間には、このような力や光の発生源があるのである。

　ではその潜象太陽の位置であるが、正確に楕円軌道のもう一つの焦点

の位置に、存在すると考えて良いかという問題がある。

惑星の軌道は同じではない。地球、火星、木星、土星……と、それぞれ独自の軌道上を公転している。

このように、独自の軌道を描いて運動しているが、それに対応するもう一つの焦点（潜象焦点というべきか）は同じであるか、どうかを検証する必要がある。

それには、各惑星の実際の軌道が、どうなっているかを確かめねばならない。具体的には、各惑星の離心率と焦点距離を調べることになる。それぞれの惑星にとって潜象焦点の位置が異なっていれば、この理論は成立しない。

現実には、惑星ごとにバラバラである。従って、この考え方には無理があるようにみえる。果たしてそうであろうか？このことについては、後ほど、個々に検討してみる。

ここで、潜象太陽の位置を確認するため、これまで計測されている惑星の諸元を眺めてみる。

惑星の軌道は、ほぼ、黄道面内にあって、同一の向きに、楕円形を描きながら、公転している。ただし、どの惑星も、自転軸は、黄道面に対してまちまちで、垂直というわけではない。

離心率も、一様ではない。特に、水星と冥王星の離心率が大きい。

また、金星は、他の惑星と異なり、自転の方向が逆さまで、しかもその回転が、非常に遅い。地球の影響のためである。

水星の自転周期も長いが、これは太陽との共鳴現象があることによると言われている。

もう一つ、天王星は、横倒しになっており、ごろごろと転げながら公転している。

このように、惑星は固有の動きをしているが、その様子を一覧表で眺めてみる。

65

惑星の諸元　（『天文学小辞典』講談社）

惑星名	平均距離 （天文単位）	離心率	公転周期 （太陽年）	自転周期 （日）
水　星	0.39	0.2	0.24	59
金　星	0.72	0.01	0.62	−245
地　球	1	0.02	1	0.997
火　星	1.52	0.09	1.88	1.026
セレス	2.77	0.08	4.62	0.4
木　星	5.2	0.05	11.9	0.41
土　星	9.54	0.06	29.5	0.43
天王星	19.2	0.05	84.1	1
海王星	30.1	0.01	165	0.58
（冥王星）	39.5	0.25	249	6.4

※注　天文単位　太陽と地球の距離を1とした場合
　　　水星の公転周期　　87.6日
　　　金星の公転周期　　226.3日

　上表をみると、水星は離心率が0.2と、極めて大きいが、その隣りに位置する金星は逆に0.0068と離心率が一番小さい。また金星だけが自転の向きが公転の向きに対して、逆回りである。
　地球の外側を回っている火星では、離心率が約200万年の周期で0から0.14の間を変化している。
　このように、惑星ごとの特有な自転と公転を行っているのであるが、

太陽系としてみれば一つにまとまった星達である。
　この法則について、これから、新しい物理学・潜象物理学の立場で考えてみる。

太陽系の運動（惑星の公転）

　惑星は太陽の周りを楕円軌道を描いて公転しているが、この運動エネルギーは、どこからもたらされているものなのかについて、考えてみる。
　最も判りやすい発想は、太陽が宇宙の一定方向に移動していることである。移動している空間は、真空ではなくて、潜象エネルギー空間である。エネルギー空間であるという前提がなければ、これから述べる論理は成り立たない。
　これまで書いたように、宇宙空間はエネルギーが一杯詰まった潜象空間である。
　このようなエネルギー空間を太陽系が移動すると、何が起きるであろうか？
　太陽が進行する方向と、直交する平面に、一種のエネルギーの輪が発生するのである。
このエネルギーの輪は、周辺の潜象エネルギー空間がもたらすものである。
　導線に電流を流すと、導線の周りに磁場が発生する。これと似たような現象と考えて良い。
　太陽という誘電体が、潜象エネルギー場を進行するのに伴って、潜象磁場が発生するのである。
　この平面上にある惑星達は、それぞれの位置で、潜象磁場に沿って、動くことになる。これが大まかな公転の原理であると考えられる。

　内惑星の項で述べるが、太陽には第1次潜象圏、第2次潜象圏、第

3次潜象圏がある。一番判りやすい考え方は、水星や金星は第3次潜象圏の回転に伴って、公転している。この第3次潜象圏を更に拡張して、地球、火星、さらには木星から海王星まで拡張する。つまり太陽系全体を包含する潜象圏とする。すると、惑星の公転を説明するエネルギー場が出現する。

　この広がった潜象圏の回転速度は、太陽からの距離が遠くなればなるほど、小さくなる。

　実際には、それぞれの惑星の公転速度で判別される。いわゆるケプラーの法則に支配されている速度である。

　この公転速度は、その惑星が存在する太陽第3次潜象圏のその惑星の位置での潜象圏回転速度ということになる。

　つまり、惑星の公転は、この潜象圏の回転に伴って、公転していることになる。

　このように考えると、惑星の公転エネルギーは、太陽潜象圏の回転によって、もたらされることになり、全惑星の公転エネルギーの説明がつく。

　補足説明をすると、太陽系は銀河系宇宙の一点に向かって、物凄い速度で移動している。

　『現代天文学小辞典』（高倉達雄監修　講談社）によれば、太陽（太陽系）は、銀河系の中心の周りを回転している。標準太陽運動、あるいは基本太陽運動と、2つの表現方法がある。

　前者の場合、その速度は18.5km/sec、後者の場合は、15.4km/secとなっている。地球上ではみられない超高速である。

　この現象の説明はないが、以下のように考えてみる。

　銀河系の中心の周りを、回転しているということは、そこに巨大なエネルギーの回転場があることを意味している。つまり、太陽系はこのエ

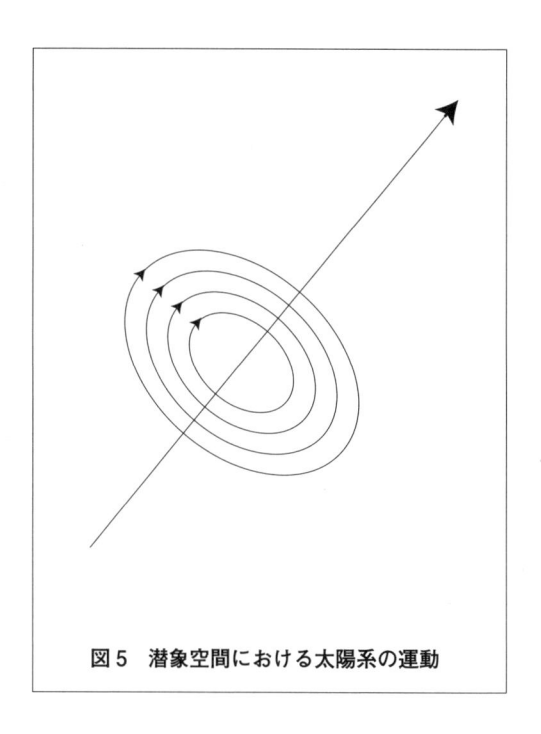

図5　潜象空間における太陽系の運動

ネルギーの回転流にのっているということになる。
　この流れに乗って、太陽系が回転しているとしたらどうであろうか。
　こういう考えの下で、宇宙流を考えてみる。
　この流れは、もちろん潜象流であるから、これまでのような物理的測定では、測ることが出来ない。
　従って、流れの存在も知られていないから、単に、太陽系は銀河系の中心の周りを、超高速で移動しているという説明に留まっている。現象的な説明である。
　しかしこの現象は、巨大な宇宙潜象流に、太陽系全体が運ばれていると、理解する方がより判りやすい。
　銀河系宇宙の中の、眼に見えない巨大な回転流ともいうべき、大河の流れに乗って、太陽系が移動していると考えるのである。

この巨大な潜象流の中に、太陽系が浮かび、太陽の潜象圏、各惑星の潜象圏が、存在しているというマクロ的な見方をしてみる。
　すると、それぞれが持つ運動エネルギーの源は、巨大潜象流ではないかと気付く。この潜象流の中にあって、太陽そのものの自転する力や、惑星の公転に必要なエネルギーは、この潜象流から得ているのではないかと、考えるのである。
　この流れの中にあって、太陽の潜象圏も、惑星の潜象圏も、回転力が与えられているのである。
　一つの流れの中にあって、どうして回転が発生するのであろう？という理由は、物理学で示されている rotA（ローテイション）の考え方を適用できる。（後述）
　一様な流れの中で、どうして回転が発生するかについては、推測でしかないが、以下のようなことであろう。
　太陽系全体が、巨大銀河系潜象流の中心部ではなくて、外側に近い流れの中を移動していることは、観測されている。巨大潜象流の中心部と、その外側に近い部分とでは、流速が異なっているとしたらどうであろう。
　ただし、この場合の回転方向は、反時計方向になる。太陽系の回転方向は、時計回りであることとは合わない。この点、若干の疑義が残るが、銀河系宇宙の潜象流に乗っていると考えるのが、一番判りやすい。
　もっとも、回転方向の判断は、その回転を上から見るか、下から見るかによって、変わってくる。視点の位置が問題となる。

　この場合は、回転軸が流れと同じ方向ではなくて、流れと直角の方向となる。
　だから、潜象電流と、潜象磁場との関係を考えると、巨大潜象流に直角な平面上での回転であれば、こういうことになる。
　直角でなくても、或る角度があれば、その分力として、直角方向の成分が出てくると、考えられるからである。

また、土星や木星には、リングがあることが判っている。土星のリングは特に有名で、倍率が特に大きい望遠鏡でなくても、土星が鉢巻きをした様子が、良く見える。このようなリングが太陽を中心として、存在している。
　これは火星と木星との中間にある小惑星群のことである。
　この小惑星群は、リング状になって、太陽の周りを公転している。このようなリングが、各惑星にも存在しているとしたらどうであろうか。もちろん顕象界ではなくて、潜象界のリングである。このようなリングがあるとすると、惑星はそのリングの流れのなかを、運行していることになる。
　このことは、前に述べた太陽の第3潜象圏の回転に伴って、惑星が公転しているという考え方と同じことである。惑星群の潜象公転ベルトを、明確に述べたのである。
　後で述べる潜象惑星の存在が自転発生の基になっているが、銀河系宇宙の中にあって、太陽系全体の運動が、何によって引き起こされているかを考えることは、大切である。
　銀河系宇宙の潜象円環磁場と、潜象電流によって、誘起された力の場が発生していれば、この力の場は、言い換えると潜象流の場である。
　このように、潜象太陽や、潜象惑星が存在するという考え方と、潜象電磁場の相互作用と言う考え方がある。どちらで考えた方がよいかは、今後、潜象エネルギーの計測が出来るようになったとき、明らかに出来るであろう。
　このことは、波状に円形流が発生している電流の流れと直角方向の平面に、磁場が発生するのに似ている。これについての説明は次のようになる。

　コラム3に述べたことに関連するが、電磁気学の中に、ベクトル解析という分野がある。

その中に、数式で書くと、

$$\mathrm{div}\ \vec{A} = \frac{\partial A_x}{\partial x} + \frac{\partial A_y}{\partial y} + \frac{\partial A_z}{\partial z}$$

$$(\mathrm{rot}\ \vec{A}) = \frac{\partial A_y}{\partial x} - \frac{\partial A_x}{\partial y}$$

という有名な2つの式がある。
divAというのは、ベクトル場の発散を意味している。
もう一つのrotAは、ベクトル場の回転を意味する。
この2つの式の意味するものは重要である。前者については別途述べるが、ここでは後者について述べる。

rotAの式の意味することは、次のようなことである。
一つの流体の中に、フリーの状態で、物質が置かれているとする。
ここでは、それが球体(あるいは円筒状のもの)であるとする。
この球体を挟んで、右側の流れと、左側の流れの方向が、お互いに逆の場合、この球体はどんな動きをするであろうか？
フリーの状態にある球体は、左右の流れが逆になっているから、回転を始める。(図参照)
流れの方向が同じであれば、この回転は起こらない。しかし、左右の流れの速さが違っていれば、矢張り回転運動が発生する。
例えば、川の中でボートを漕いでいるとき、右側のオールを強く漕ぎ、左側のオールを弱く漕ぐと、ボートは左側へ方向を変える。この状態を続けると、回転することになる。
もっと極端な場合、天体の右側の流れはあるが、左側には、流れがない場合、天体の回転は、更に大きなものとなる。

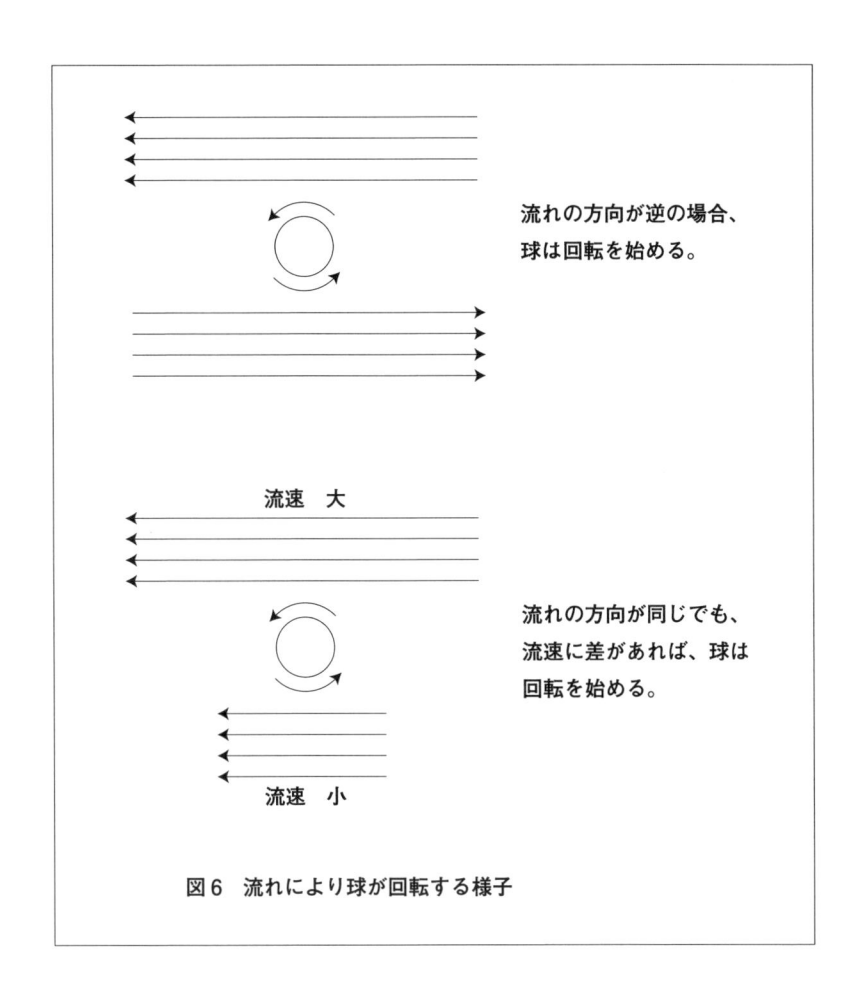

図6　流れにより球が回転する様子

　この理論を準用して考えると次のようになる。
　いま、宇宙の中に、このような巨大潜象エネルギー流があると仮定する。
　この流れの中に、太陽系全体が浮かび、銀河系の一方向に向かって、高速で進行している。
　この巨大潜象エネルギー流の中の太陽系は、流れの右側と左側の流速が、若干不均一であれば、回転を始めることになる。

第1部　太陽系不思議物語

　この大きな太陽系全体の回転というのは、それぞれの惑星の公転に関与していることになる。
　太陽系の回転については、上記のように、巨大宇宙流により、発生するという考え方と、もう一つの考え方は、太陽そのものの回転力が、各惑星に波及しているという考え方と二通り考えられる。
　前者は、宇宙の巨大潜象流よりのエネルギーによって、太陽系の回転が保持されているということである。後者は、太陽（潜象太陽）から回転エネルギーを得ているという考え方である。
　この場合でも、潜象エネルギーであることに変わりはないが、潜象太陽と顕象太陽とが、お互いに回り合って、この2つが合わさった潜象圏が回転し、それに伴って、各惑星が公転運動を行っているという考え方である。
　中心にある潜象太陽と顕象太陽とが、回転しているので、各惑星に波及する円環流は、当然のことながら、回転している。回転する波動面が、惑星のそれぞれの公転軌道となるのである。
　第一の考え方では、rotA で表されるような、巨大エネルギー流の中で、発生する太陽系の回転現象であり、この場合は、巨大エネルギー流から、太陽系はその公転エネルギーを得ていることになる。
　第2の考え方は、コラムにあるトルネードや、洗面台の水流の現象と、相似の現象である。
　どちらの考え方が正しいかは、現在のところ、判断は出来ないが、考え方としては、太陽系として、外側からエネルギーを得ているか、または内側からエネルギーを得ているかの違いである。
　どちらかが惑星が公転するためのエネルギーを、供給していることになる。一般的には、後者の考え方の方が説得力は大きいが、両方とも、関与している可能性も、ないとはいえない。

　太陽の話に戻るが、太陽の1次潜象圏は、強力な引力を有している

フィールド（場）であり、より高次の潜象圏からの高次エネルギー噴出部と考えられる。
　また、顕象太陽のエネルギーの供給源とも考えられる。
　そして、この2つの太陽を含む大きな潜象圏がもう一つあり、その中に、水星と金星とが含まれる。肉眼で見える太陽よりも、ずっと大きな規模を持っているのである。
　このように考えることによって、内惑星の自転周期が、外惑星に比べて、異常に長い周期である理由が明らかになる。
　このあたりのことを、もう少し詳しく説明する。

内惑星の公転と自転

内惑星は太陽の衛星ではないか？

　二つ目の疑問、なぜ、内惑星は、自転周期が長周期なのであろうか？
　内惑星の自転周期は、公転周期に近い周期を示している。これに対して、外惑星の自転周期をみると、地球と火星がほぼ1日（地球日）で、その他外惑星は、0.4〜0.7日である。最近惑星の枠から外された冥王星でも、6.4日である。
　一方、月の自転周期は、27.3日であり、公転周期と同じである。地球から月を眺めたとき、月はその顔を半分しか見せないのは、こういう理由による。
　このようなことを勘案すると、水星と金星は、惑星ではなくて衛星であると、カテゴリーを変更した方が良さそうである。
　これは、地球に対する月と同じ考え方である。月は、自転周期と公転周期とが同じである。だから、地球からみる月は、一面のみを見せている。
　最近、月探査船「かぐや」が打ち上げられて、これまで見ることの出

来なかった月の裏側がどうなっているかを、観測することが出来た。もっとも、この2年ほど前に、米国の月探査が行われて、その影像も知られているが、「かぐや」のものがより精度が高いという。いずれ、地球と月との関係、例えば、地球と月とは、その構成物質が同じものであるかどうかも、判るであろうし、そのほかより詳しい情報も、もたらされるであろう。

だが、「かぐや」がもたらす情報は、あくまでも、物質的なデータであり、月の自転や、公転に関するものではない。

話を水星と金星に戻そう。

水星と金星という二つの内惑星は、地球を含む外惑星とは、異なった動きをしている。前に述べたように、内惑星は自転周期が非常に長くて、公転周期に近い周期である。

月と似たような動きをしているのである。私が、内惑星は衛星であるという根拠はここにある。

潜象界という概念を、この現象に導入したらどうなるであろうか？

まず、地球と月との関係であるが、地球の潜象圏は、月を含む巨大空間であることになる。

といっても、理解し難いであろうから、顕象界の例を挙げてみる。

地球という固体の周りを取り巻く大気圏は、局所的には、気流の流れがあり、必ずしも同じというわけではない。しかし、大きく言えば、固体地球とほぼ同じ自転をしている。この考え方を拡張してみると、地球（固体＋大気圏）の周りには、地球を包むように、巨大な潜象圏が存在しているのである。そしてその範囲には、月を含んでいるのである。

この潜象圏は、固体地球の周りを回転しているのであるが、この潜象圏に含まれる月も、潜象圏と同じ動きをする。今は、数多くの人工衛星が、固体地球の周りを飛んでいる。

この潜象圏は、月の位置では、月の公転周期とほぼ同じ周期で、固体地球の周りを回っていると、考えて良い。
　ほぼと断ったのは、現時点では未だ潜象圏の範囲を決められないからである。今判っているのは、月が潜象圏に入っていることだけである。いずれこの範囲も、次に述べる金星との関係も含め、特定できるであろう。
　このように、衛星と呼ばれる天体は、固体惑星を取り囲む潜象圏の中にあるので、潜象圏と同じ動きをする。
　現在、私達は潜象圏が存在するという認識がないので、肉眼で見える衛星の動きだけを観測している。だから、衛星の公転と、自転が同じである理由が判らない。ここに、潜象圏という概念を導入すればより判りやすい。
　もう少し、つっこんだ言い方をすれば、月には自転という動きはない。周辺の潜象圏の動きに従っているだけであると言えよう。
　この考え方を、水星と金星に適用すれば、この二つの星は、太陽の衛星であると、言い換えることが出来る。
　このように考えてゆくと、必然的に、顕象太陽（肉眼で見える太陽）の潜象圏は、水星と金星を含む巨大空間であることになる。
　この二つの星は、地球を含む外惑星とは、異質の星であることになる。なぜ、水星と金星の自転周期が他の惑星に比して、著しく長く、公転周期に近いかという謎も解けるのである。
　この考え方を更に拡張してゆけば、2次潜象空間（2次潜象圏）の外側に、3次潜象圏を考えなくてはならなくなる。
　3次潜象圏は、当然のことながら2次潜象圏を包含することになる。

　金星まで包含した潜象太陽は、先に述べたもう一つの焦点にある潜象太陽とは、離れており、その一部が重なり合ってはいない。
　因みに、太陽と水星との距離は、0.39天文単位である。水星の離心

率が、0.2であるので、これから潜象焦点（もう一つの焦点）を計算することになる。

　太陽系には、もう一つ考えなければならないことがある。
　彗星の場合は、非常に扁平な軌道であるから、惑星とはもう一つの焦点位置が、かなり違うことになる。なぜこのような軌道になるかについては、別途考えることにする。
　また、二重恒星というものが、宇宙には存在している。いわゆる双子星である。目には視えないが、太陽の場合も、そのようになっていると考えられる。このことに関しては、「ブラックホール・高エネルギー現象と潜象界」の項で説明する。

　ここで、水星の場合を取り上げて、2焦点楕円運動を考えてみる。
　今、水星の軌道が次図のようであったとする。
　水星は離心率が、惑星の中で一番大きくて、0.2である。
　この図の中に、楕円の二つの焦点のところに、
　　Sr及び、Shが示してある。
　　Srは顕象太陽（私達が常時眺めている太陽）であり、
　　Shは、潜象太陽（肉眼で見えない太陽）である。
　もちろん、Shは現在のところ、仮定の太陽である。
　水星mの軌道は、楕円であるから、この二つの焦点からの距離の和は、常に一定である。
　これが楕円軌道を描く条件である。
　この条件を満たすためには、Srがmに及ぼす力の大きさと、Shがmに及ぼす力の大きさとが、同じでなければならないのである。
　ということは、Shのところに、Srと同じ引力を発生させるものが存在することになる。
　「何もないではないか。太陽は一つしかないよ」というのが、現在の

図7

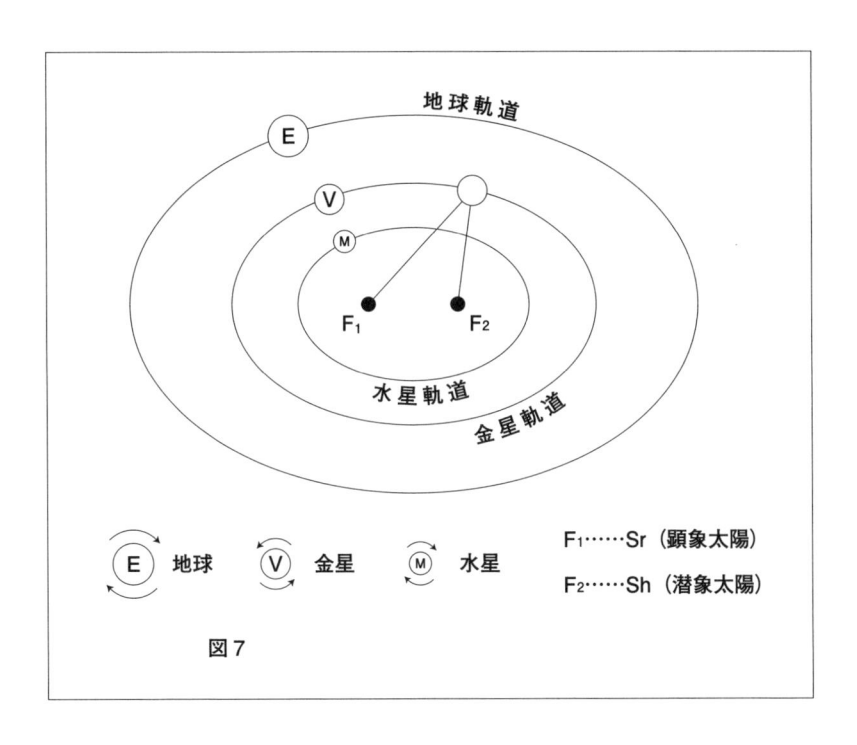

地球軌道／水星軌道／金星軌道
E 地球　V 金星　M 水星
F₁……Sr（顕象太陽）
F₂……Sh（潜象太陽）

状態である。

　しかし、Sh のところに、もう一つの太陽（潜象）を想定しないと、惑星は楕円軌道を描けないのである。

　言い換えれば、惑星が楕円軌道を描いて、太陽の回りを公転している以上は、Sh（潜象太陽）が存在しなければならないのである。

　この潜象太陽の条件は、顕象太陽と同等の引力を発生することである。潜象太陽であるから、人間が観測できる、光や熱といったエネルギーは発していない。唯、潜象エネルギーによる力の場は、当然のことながら、存在していると考えられる。

　この二つの太陽があって、はじめて惑星は、楕円軌道を描くことが出来るのである。

　多少、逆説的な表現であるが、私が潜象太陽を想定した始まりはここ

にある。

　最も素朴な発想なのである。その根底には、自然はシンプルであるという概念に基づいている。
　このように、太陽の傍には、目には見えないが、物凄く大きな力の場が存在している。
　惑星はこの二つの場を焦点として、楕円軌道を描きながら公転していると考えるのである。
　そこは潜象エネルギーが強烈に集約された場である。
　ではなぜ、このような場が存在するのかについては、なぜ太陽が存在するのかに対するものと同じように、宇宙における恒星の構成はこのようになっているということ以外にはない。
　しかし、潜象エネルギー理論がだんだんと解明されてくると、詳細な答えも自然に与えられるものと思っている。

太陽の２焦点間距離は？

　ところで、各惑星の離心率は一様ではないが、ここでは、水星の離心率をベースに、話を進めてゆく。
　つまり、潜象太陽の位置は、水星で求めた離心率から求めた第２焦点の位置とする。これは理科年表の惑星表の数値から計算した。また、計算式は、『天体力学入門』にある式を用いた。
　水星の離心率0.2056から計算すると、二つの焦点間の距離は、0.238×10^5 km である。
　このことから、第２焦点にあると仮定する潜象太陽と、顕象太陽とは、約2380万キロメートル離れていることになる。
　このように、第２焦点のところに、何か力の場があると考えないと、水星は楕円軌道を描くことが出来ないのである。当然のことながら、そ

の力とは、顕象太陽と同等の力である。
　潜象太陽が水星に引力を及ぼしていなければ、楕円軌道は成立しないのである。
　因みに、顕象太陽の赤道半径は、約70万キロメートルである。

　ここで、理科年表に挙げてある離心率から、太陽の第2焦点を計算し、2焦点間距離を算出してみる。（計算式は天体力学入門の式によった）

　　　最　小　　a（1−e）
　　　長半径　　a
　　　最　大　　a（1+e）
　　　　　　　e　離心率
　　　　　　2焦点間距離　　2ae

惑　星	長半径	離心率	2焦点間距離
水　星	0.579	0.2056	0.238
金　星	1.082	0.0068	0.0147
地　球	1.496	0.0167	0.0499
火　星	2.279	0.0934	0.4257
木　星	7.783	0.0485	0.7549
土　星	14.29	0.0555	1.5862
天王星	28.76	0.0463	2.6631
海王星	45.05	0.009	0.8109

　　　　　　　　　　※2焦点間距離　×10の8乗キロメートル

この結果が示すように、焦点間距離は、バラバラである。一つとして、同じ値はない。

ということは、潜象太陽を想定した第2焦点の位置は一つも決まらない。これでは、第2焦点は特定できないことになる。

しかし、楕円軌道である以上、焦点は2つなくてはならない。

外惑星の2焦点距離が、非常に大きくなり、水星や、金星だけでなく、火星までもはみ出してしまう理由は何かについては、後ほど検討する。

金星はなぜ逆回転しているのか？

水星から海王星までの惑星は、順回転の自転をして、黄道上を公転している。

ところが、金星だけは、公転の方向ではなくて、公転とは逆の自転をしている。しかも、その自転周期は、ゆっくりしている。公転周期は、0.62太陽年である。これを地球1年365日と比較すると、約226日となる。

そして、自転周期は、−245日（−は逆回りの意）であるから、公転周期よりも遅い自転周期である。

つまり、金星の1年よりも、少し遅い周期で自転していることになる。なぜであろうか？

この問題に関して、現在天文学では、地球から金星を観測した場合の視差の関係で、金星が恰も、逆回転しているように見えるという説明になっている。

この話が本当なら、自転周期は公転周期とほぼ同程度なのかも知れない。

これに対して、私は視差の問題ではなくて、実際に逆回転していると考えた。その理由は次の通りである。

金星は、太陽の潜象圏内にあると、前に述べたが、金星の逆回転現象を考えると、金星の潜象圏が、太陽の潜象圏で、且つ、地球の潜象圏と接しているか、あるいは、地球潜象圏の一部と重なっているのではないかと考えられる。
　判りやすいように、歯車のメカニズムで説明する。
　Aという大きな歯車があり、右回転しているとする。
　もう一つBという歯車があり、これも右回転しているとする。
　このAとBとに挟まれたところに、Cという歯車があるとする。この歯車はフリーの状態にあるとする。
　AとBとに挟まれたCはどのような動きをするであろうか？
　Aからは、Aの回転方向に、動くような力を受ける。一方、Bとの接点では、逆回転の力を受ける。AとBの両者の力の大小によって、Cの回転方向は決まってくる。
　Aの力の方が、Bより大きければ、CはAの回転方向に回転する。
　もし、Bの力の方が、Aよりもほんの少し大きければ、CはBとの接触点で受けた力の方向に、回転することになる。
　この考え方を、金星に当てはめてみると、Aは太陽であり、Bは地球である。そしてCが金星になる。
　それぞれの潜象圏が、この歯車のように接していれば、三者の動きは、これとほぼ似た動きになる。
　地球の自転速度を、基準にした場合、太陽の自転周期は、25日から26日である。赤道付近では黒点の移動から、25日、光球のドップラー効果からは、26日と観測されている。この3次太陽潜象圏の回転は、金星の位置では、金星の公転速度と同じになっている。
　これは基本的な考え方であって、3者が常にこうなるわけではない。なぜかといえば、地球と金星との間隔は、常に変動しており、常時、地球が金星に影響を与えているわけではないが、多くの期間、このような状態になると考えている。

太陽潜象圏の方が、地球の潜象圏よりも、遙かに大きいし、回転の及ぼす力も大きいのであろうが、地球の自転速度の方が、太陽よりも大分速いのである。

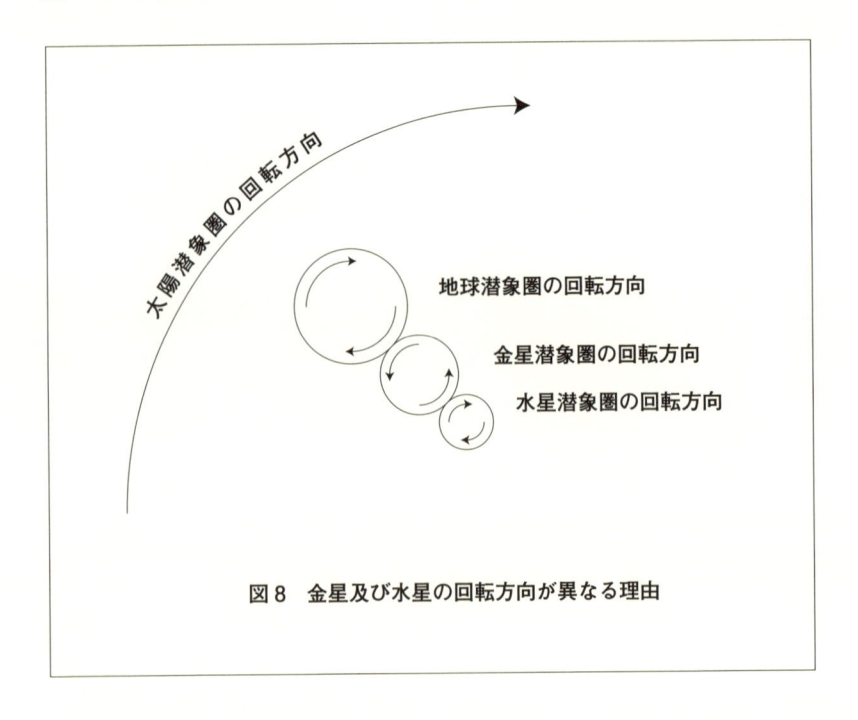

図8　金星及び水星の回転方向が異なる理由

　だから、互いに逆方向に金星の回転に及ぼす影響は、地球の方がほんの少し大きく、その結果、金星の回転方向を決めるのは、地球であると考えられる。
　これが、金星が公転方向と、逆の自転をする理由であると思われる。

　この考え方をするときには、金星は太陽の第3次潜象圏内にあり、基本的には、順回転を行おうとしているが（正確には、自転はしていないで公転している）、地球潜象圏の影響で、逆回転になるという考え方ができるのである。

この地球潜象圏は、金星潜象圏と接しているか、あるいは、幾分、金星潜象圏の中に食い込んでいるものと、考えられる。そうでなければ、このように金星潜象圏の回転に、影響を及ぼすことはないからである。
　地球引力ではなくて、地球潜象圏の回転が、金星潜象圏に影響を与えていることを、多少補足する。
　引力には、回転力を発生させる力はない。言ってみれば直線的な力であるが、回転力は生まない。回転力を発生させるには、潜象圏の回転以外にはないのである。
　このことをベースにして、各惑星の動きが、どう変化しているかを調べてみる。
　まず、金星からその理由を探してみる。
　金星の特徴は、離心率が惑星中、最も小さくて円運動に近い。また、自転の方向が、公転の方向と逆方向である。
　水星の場合もそうであるが、金星の自転周期は、外惑星に比べて、異常に長い。
　前述の惑星諸元の表に掲げたが、公転周期は、0.62年つまり、226日である。一方、自転周期は、-245日である。-記号は公転方向とは、逆回転をしていることを示す。

　金星の離心率から試算した焦点間距離は、0.014×10の8乗キロメートル（140万キロメートル）となり、水星の場合よりも非常に短い。
　潜象太陽が、顕象太陽と大きさが同じと仮定すれば、2つの太陽が重複しない、ぎりぎりの大きさとなる。
　もっとも、潜象太陽は、引力発生源という考え方をするので、その大きさは考慮しなくとも良いのであるが、顕象太陽と同じと仮定すると、こうなるのである。
　地球の場合は、5百万キロメートルとなる。このように、各惑星の焦

点距離から計算した太陽の2焦点間距離が変動するのでは、話にならない。なぜ、このようにまちまちなのか、その理由を探ってみることにする。

　まず、金星と地球を考えるが、その前に考えておくことが一つある。
　それは、水星と金星の2つの内惑星は、前に述べたように、太陽の衛星として取り扱うべき星であると考える。
　このことを考えるにあたって、太陽の潜象圏を、もう少し詳しく考えてみる。
　潜象太陽の周辺を、1次潜象圏、あるいは潜象核と呼び、顕象太陽を含む圏内を2次潜象圏と呼ぶ。また、水星と金星を含む太陽の潜象圏を、3次潜象圏と呼ぶことにする。
　このように分ける理由は、1次潜象圏は潜象エネルギーを放出している潜象圏（核）であり、言い換えれば、エネルギー源である。2次潜象圏は、顕象太陽と潜象太陽とからなる実質太陽とも言うべき光、熱、引力などの発生源である。
　これに対して、3次潜象圏は、顕象太陽と、潜象太陽、及び水星、金星を含む太陽圏である。この潜象圏は、地球や、他の惑星にもあり、それぞれ、地球潜象圏、火星潜象圏などと呼んでも良い。つまり、顕象の天体を大きく包み込んでいる潜象圏である。外惑星の項で述べるが、惑星潜象圏は2種類ある。
　私達は、顕象の天体のみを星と呼んでいるが、本来は、この星の潜象圏を含めて、星と呼ぶべきであろう。

　ところで、金星の公転軌道が円に近い理由として、まず考えられるのは、地球引力によって、引き寄せられているのではないか、ということであるが、前に述べたように、地球の作用圏半径の数値からは、その引力はあまり金星には及んでいないという結果となる。

引力の作用圏半径が小さくて、地球引力の影響を考慮する必要がないとすれば、残るは潜象圏の影響である。地球潜象圏の影響が、金星の自転を遅くする方向へ働く因子であれば、金星の離心率が小さいことの理由となる。しかし、現時点では、そこまでは言い切れない。
　では地球潜象圏の影響があるのかといえば、潜象圏の回転からは、その理由が見当たらない。強いて言えば、回転を遅くすることが、金星の遠心力を小さくさせる結果と、関連するかも知れないと言えなくもないが、自転と公転は違うので、今後、よく考えなければならない。
　金星の離心率が小さくなるのは、その外側にいる地球潜象圏の影響が大きいと思えるが、その影響がどの程度になるかは、今後の検討にゆだねる。
　ここでは、金星の自転の方向が、公転の方向と逆方向になる理由を説明した。

水星の自転周期はなぜ公転周期よりも短いか？

　もう一度、水星と金星の自転と公転について、よく考えてみることにする。
　2つの星に自転周期と公転周期は、次のようになっている。

	自転周期	公転周期
水　星	59日	87.6日
金　星	−245日	226.3日

　金星の自転周期については、前に述べたように、地球潜象圏の影響が大きいことによる。もし地球の影響がなければ、金星の自転周期は、公転周期と同期していたであろうし、逆回転もないであろう。

一方、水星の場合であるが、水星に影響を及ぼすのは、金星である。

ところで、水星と金星と地球間の平均距離をみてみると、次のようになっている。

太陽——水星間　0.39　天文単位（以下同じ）
太陽——金星間　0.72
太陽——地球間　1.00

これから水星と金星の距離は　0.33
金星と地球間は　　　　　　　0.28

ここで金星が水星の自転と公転に及ぼす影響について、考えてみる。

前に述べたように、金星は地球潜象圏の影響で、自転が逆回りになっている。この金星が、水星に対してはどのような影響を及ぼすであろうか？

金星が逆回転していると、水星に対する方向では、水星の自転を加速させる方向の力が働くことになる。

地球は金星に対して、逆方向の力を及ぼすが、金星は水星に対して、順方向に水星を加速する力を及ぼすことになる。

つまり、自転周期を早める方向の力を水星に加えることになる。

2つの星の公転周期を比較すると、水星は約2.6倍、つまり、金星の1公転の間に、水星は2.6回公転する。金星の加速作用が、2.6倍になるということである。

それが順回転であるので、その影響は大きいのである。

金星が存在しなければ、水星の自転周期も、公転周期と同期していたであろうが、このような理由から、自転周期が早まっていると思われる。

次なる問題は、なぜ、惑星はそれぞれ独自の離心率になっているかということである。
　面白いことに、水星と金星とは、隣り合っている星なのに、一方は離心率が一番大きいし、他方は離心率が一番小さい。
　このことと、2つの星が惑星というより、寧ろ太陽の衛星と呼ぶべき天体であると、いうこととは、別問題である。
　水星は太陽に最も近く、質量も小さいので、太陽の影響を大きく受けていると、考えて良い。
　金星から自転に関しては、影響を受けているが、公転に関しては、殆ど影響を受けていないものと思われる。
　楕円の第2の焦点である潜象太陽の位置を、水星の離心率から試算した理由はここにある。
　金星の場合はどうであろうか？
　2つの焦点からの距離を考えると、もう少し、大きな離心率になるべきであろう。
　太陽からの距離を考えると、離心率は、0.1位になってしかるべきなのに、0.0078と、真円に近い値になっている。
　なぜであろうか？

　このことを確かめるために、参考のために理科年表を開いてみた。
　年表には、作用圏半径という数値が示されている。これは引力圏と考えて良さそうである。それぞれの星が持つ力の影響が及ぶ範囲と理解される。
　もし、潜象圏が他の惑星に影響を及ぼすとすれば、潜象圏の半径は、作用圏半径よりも、少なくとも2桁大きいことになる。

	作用圏半径
水　星	0.11（天文単位）
金　星	0.62
地　球	0.92

となっており、天文単位で用いる（10の8乗・キロメートル）と、作用圏半径で用いられている距離（10の6乗・キロメートル）とを比べると、1/100になっている点、若干疑義が残るが、惑星間の相対関係はこうなっている。

ところで、作用圏を超える距離に於いては、相互間の引力は殆ど影響しないと理解すれば、残りは、潜象圏の大きさが〔10の8乗・キロメートル〕クラス以上であることになる。

因みに、万有引力の公式を使って、地球・金星間の引力の大きさを試算したら、地球と月との間に働く引力の約1/100程度の値となる。

なお、金星と地球との距離は、常に変動していて、必ずしも、理科年表にある数値より算出した通りではないことに留意されたい。

惑星間距離は、水星/金星間が、0.33、金星/地球間が、0.28である。

これを参考にして、金星に対する水星と、地球の影響力の大きさを考えてみる。

水星が金星に与える影響は、水星が金星の内側にあるから、金星の軌道を扁平にする方向へ働く（作用する）。

一方、地球が金星に与える影響は、地球が金星軌道の外側にいるので、軌道の扁平度を小さくする方向へ働く（作用する）。

しかも、この3惑星間の距離は、水星/金星間が0.33天文単位であるのに対し、金星/地球間は、0.28である。

後者の方が約85パーセントほど短い。作用する力は、距離の自乗に逆比例するから、その分、力は大きくなる。なお、引力は両者の質量の積に比例する。
　この両方の条件を勘案すると、水星が金星の軌道をより扁平にする力よりも、地球が金星の楕円軌道を外側へ引っ張り、その扁平度を小さくする力の方が大きいことが判る。地球の潜象圏にある月が、金星に及ぼす影響を考えると、この差は、更に大きくなる。
　ただし、地球の潮汐作用に対する金星の影響は、殆ど無く、同じように、地球の引力が金星に及ぶ影響も、地球が月に及ぼす引力の約1/100位しかないと考えると、引力の影響よりも、地球潜象エネルギーの影響を、考えることになる。

外惑星の公転と自転

外惑星の公転

　太陽の1次潜象場（界）というのは、第2焦点にある潜象太陽である。2次潜象場は、顕象太陽と潜象太陽の場でもある。第3次潜象圏は、水星と金星とを含む領域である。
　この3次潜象圏を拡張してみる。3次潜象圏は、太陽系全体である。
　この太陽の3次潜象圏のなかに、各外惑星の潜象圏がある。この潜象圏と共に、各惑星は自転しながら太陽の周りを公転している。この自転圏をそれぞれ、地球潜象圏（界）、火星潜象圏、木星潜象圏などと呼ぶことにする。
　各惑星の衛星達は、それぞれの惑星潜象圏の中に、含まれることになる。
　こういう惑星達を従えて、太陽は宇宙のある方向へと、突っ走ってい

る。宇宙全体も、太陽系潜象圏とは、違った潜象エネルギー場である。
　この宇宙の潜象場（圏）は、太陽系潜象圏（場）よりも、高次の潜象エネルギー場であると考えて良い。
　水星の離心率をベースにして、水星軌道の第2焦点に潜象太陽の位置を推定した。そして、2つの焦点間距離を求めた。
　今度は、この2焦点間距離を基にして、各惑星の公転軌道が、どうなっているかを見てみる。
　当然のことながら、この計算結果から求めた太陽の2焦点間距離は違っている。
　どうしてこのようなことをするかというと、本来あるべき楕円軌道を崩しているものは何かを探すためである。

　また、火星の場合、離心率が、変動することが判っているから、それに影響を与える「ナニモノ」かを探した。
　地球及び、木星の作用圏半径からは、それを突き止めることが出来なかった。
　残るのは、各惑星の潜象圏の影響であるが、ここではその可能性が考えられるということに留める。
　将来、地球の潜象圏の影響を推定するとき、その延長線上の問題としておく。

　大型惑星である木星型惑星は、地球型惑星とは異なり、まったくべつの惑星である。
　一般的には、太陽系の外側の惑星であること、大きさでは、赤道直径が、木星で地球の約11倍強、土星では10倍弱、天王星は4倍弱と、大分大きい。
　半径、体積、質量など、星の大きさも桁違いに大きい。一番大きな木星は、地球と比べると、体積が約1300倍、質量は300倍である。

このように、体積や、質量も大きいのであるが、この他にも、顕著な違いがある。

密度が非常に小さいのである。木星で1.33g/cm³、土星は0.69、天王星は1.27、海王星は2.21である。

因みに、太陽の密度は、1.41である。これと比較して判るように、木星型惑星は、太陽のように、密度の小さい惑星である。

地球型惑星は、太陽系の内側にあり、太陽から一番遠い火星でも、1.5天文単位である。

これに対して、木星は5.2天文単位、土星は9.6天文単位、天王星は19.2天文単位、一番遠い海王星は、30.1天文単位の軌道を公転している。

ただし、離心率は、太陽系の一番外側を回っている海王星の場合、0.0090と、金星に近い値を示している。唯、軌道半径が地球の30倍もあるので、2焦点間距離は、水星で求めた0.157天文単位に比べると、0.524と大きな開きがある。

天王星の離心率は0.0463であるが、2焦点間距離をみると、1.78天文単位と、大きくはみ出している。

もう一つ、木星型惑星は、ミニ太陽系を形づくっていることも、注目しておく必要がある。それぞれ、多くの衛星と、リングを有していることである。リングは太陽系の小惑星群に相当すると考えて良い。

ここでは、これらの惑星が、運行する楕円軌道の扁平率に、何らかの影響を与えているかをみてみたい。

通常の電磁気学を準用して、この仕組みについて考えてみよう。導線に電流を流したとき、導線と直交する平面に、磁場が発生する。磁場の強さは、導線に近いところほど強い。

この現象が、宇宙の潜象エネルギー場で、適用されているものとする。

この潜象エネルギー場を、太陽系は突っ走っている。この太陽系の星達は、電磁気学的に言えば、誘電体である。
　誘電体がエネルギー空間を移動するのであるから、当然そこには、何らかの別のエネルギー場が発生すると、考えられる。
　例えば、誘電体が移動すれば、ある種の電流が流れたのに、相当すると考えられる。これは実電流とみなされるが、この誘電体の移動に伴って、これを包む潜象圏も移動する。
　そうすると、これに伴って、この周辺に磁場が発生する。電流も磁場も、潜象エネルギー場であるから、潜象電流であり、潜象磁場である。
　しかも、太陽系全体としては、常に宇宙空間を移動しているのであるから、この潜象電流は、螺旋状に連続することになる。言ってみれば、無限に続く円筒状に巻いたコイルみたいなものである。
　電気の世界では、このようなコイルの内部には、磁場が発生する。
　顕象界の電場や磁場と同じように、潜象界でも、この自然の法則は、適用されているのであろう。
　この潜象磁場の中にある惑星は、その流れに沿って、太陽の周りを回ることになる。
　通常の電磁気学を考えれば、このようになるが、後で述べるように、これとは別の考え方がある。

火星の公転

　まずは、火星の公転と自転について、金星の場合と同じように、考えてみる。
　唯、火星の離心率は、200万年の間に、0 〜 0.15 の間を変動している。ここでは、現在の離心率を基準にする。
　この場合、地球と木星がその対象となる。火星と木星との間に、小惑

星群がリング状になって存在しているが、その影響を別にして、木星をその対象に採った。この小惑星群の影響は推測が難しいのでここでは省略する。

地球／火星／木星間の隔たりは、次のようになっている。

  太陽——地球間　1.00　（天文単位）
  太陽——火星間　1.52
  太陽——木星間　5.20

これから、地球／火星間は　0.52
     火星／木星間は　3.68

つまり、火星と木星との距離は、地球と火星との距離の約7倍である。一方、木星と地球との質量比は、317:1 である。

これらのことから、木星が火星に及ぼす影響を考えてみる。
引力の式　$M・m / r^2$ を用いて概算計算すればよい。引力の限界点を作用圏半径とすると、これ以上の計算は意味がないが、一応、火星・地球間、および、火星・木星間の引力の大きさを計算してみた。
判りやすいように、地球と月との間に働く引力と比較してみると、火星・木星間に働く引力は、地球と月との間に働く引力の約 1/1000 位であり、地球・火星間は、約 1/10000 位にあたる。
（この試算も、概略であって、金星と地球の場合と同じように、両者の相互間間隔は、常に変動していることに留意されたい）

火星の離心率は、前にも述べたように、0〜0.15 の間を大きく変動している。
太陽系天体の目立った変動に対応する力の場の変化とは何であろう。

太陽系の構成が変わった訳ではないとすると、このように大きな変動をもたらした原因は何だったのであろう。
　一つ思いつくものがあった。それは周辺天体の影響である。大分前になるが、一頃、惑星直列という現象が起きて、地球に大きな変動をもたらすのではないかという話であった。

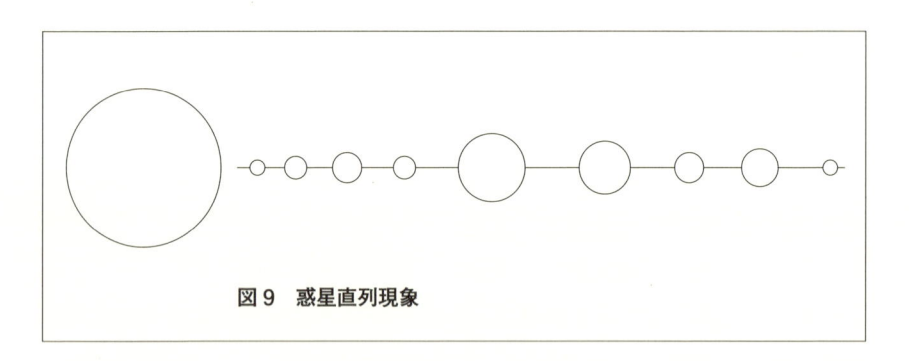

図9　惑星直列現象

　この惑星直列というのは、太陽の周りを公転している惑星が、それぞれの公転軌道上で、ある時期、一直線上に配列するということである。惑星は軌道の半径も違うし、公転速度も違うので、このような現象はなかなか発生しない。
　幸いに予測とは違って、具体的に地球への影響は殆ど無かった。
　理科年表の作用圏半径からは、その影響は見出せないが、地球人が気付かなかった影響があったかも知れない。例えば、この惑星直列が引き金となって、その後、長期に亘って徐々に惑星の変動があるというようなことである。
　似たような現象が、過去数万年、あるいは数億年前に、何回も発生していて、その時、何らかの影響を与えたかも知れない。
　これは何も火星に限ったことではなくて、地球の磁極の変化や、土星の自転軸のずれなど、多くの惑星の運動に影響を与えたのではなかろうかと、考えられるのである。

木星、土星、天王星、海王星については、計算していないが、推測では。惑星間距離が大きいので、お互いに大きな影響はないものと思われる。
　なお、作用圏半径10の6乗キロメートルを参考にしたが、もし、潜象圏がこれよりも、1桁乃至2桁大きければ、影響が発生する可能性が高い。
　各惑星の潜象圏は、作用圏半径よりも、約2桁以上、大きいものと想定される。
　これは火星についても同じである。
　殊に、火星の離心率が、一様ではなく、大きく変動する理由は、木星、及び、地球潜象圏の影響がなければ、起こり得ないことと、考えられるのである。
　火星の離心率が周期的に変動するとなると、周期的に現れる惑星直列の状態というのは、その変動原因として考えられる。
　ただし、引力の作用圏半径の数値からは、影響力が小さくて、その理由になりにくい。
　となれば、各惑星の潜象エネルギー圏の影響ではないかという考えになる。この問題は、各惑星の潜象圏の大きさが測定されれば、明確になる。
　ところで、惑星の離心率表を眺めてみて、奇異に感じることがある。
　それは、一番内側の水星の離心率が、0.2056と大きいことと、冥王星のそれが、0.2490と大きいことである。
　更に、その隣の惑星、金星（0.0068）と、海王星（0.0090）の離心率が、極めて小さいことである。
　この金星と海王星に挟まれた惑星の離心率は、少し大きくなっている。
　離心率だけを採りだしてみると、このようになっていて、惑星が公転する潜象ベルトの構成に、何らかの規則性があるように見受けられる。
　いまは、その原因が何かまでの追求は、出来ていないが、いずれ解明されるであろう。

このように、潜象エネルギー界を導入すれば、これまで天体間には万有引力だけしか考えられなかった真空圏に、新たに別の力の場が存在していることになる。
　それがモロモロの天体の運動の原因となると考えてもおかしくないのである。

惑星潜象圏と自転

　内惑星では、自転がない（この本の中ではこうなる）。だから、公転について周辺の惑星の影響を、考えれば良かった。
　しかし、外惑星の場合は、自転しながら、公転しているので、別の考え方をしなければならない。

　惑星潜象圏であるが、これは、内惑星同様、それぞれの惑星固有の潜象圏を有している。内惑星の場合は、太陽潜象圏内にあり、その運動によって、公転していると考えた。
　最も素朴な考え方は、内惑星の公転と同じように、太陽潜象圏の動きに従って、公転していると考えることである。

　惑星が公転する仕組みは、現象的な説明としては、太陽の引力と、外惑星の遠心力とが、ケプラーの法則に従って釣り合った状態になって、楕円軌道上を運行している。
　天文学では、このような説明で通用している。うるさくいえば、じゃ、どうして楕円軌道上を運行するようになったの？と、次から次へと、疑問は湧くが、ここのところに目をつぶると、説明は一応完結している。
　しかし、これまで述べたように、この運動を背後で支えているのは、

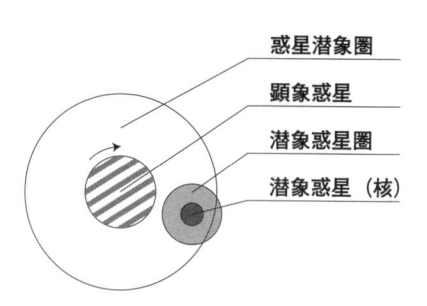

A　潜象惑星が顕象惑星の外側にある場合
　（例：地球）

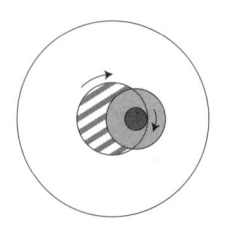

B　潜象惑星が顕象惑星の内側にある場合
　（例：火星）

C　顕象惑星と潜象惑星（潜象核）が完全に重なった場合
　（例：木星）

図 10　顕象惑星と潜象惑星の関連図

太陽の第3次潜象圏の回転なのである。

ところで、自転に関しては、天文学上、一切の説明はない。唯単に、この惑星の自転周期は、何時間である、というだけである。

私達は、どうして地球が自転するのか、その理由を知らない。強いていえば、「神様がこのようにお造りになった」ということであろう。

私はこれでも良いとは思っている。いろんなところで、助けていただいているからである。だが、そろそろ、人類は神様の考え方を知る時期に、来ているのではないかとも思っている。

ところで、最近の地球環境の悪化は、人類がもたらした結果であり、このまま推移してゆくと、壊滅的な地球破壊へ、つながってゆく。

それもこれも、人類が招いた結果であるから、やむを得ないことである。例えば、旧約聖書にあるソドムとゴモラの結末、あるいはノアの方舟の時代を迎え、地球の浄化が終わって、地球は再生すればよいという、考え方もあるであろう。

しかし、この状態を憂う人達も多い。環境破壊だけではなくて、世界中で戦争が起きている。人類同志の殺し合いである。だから、神様が自浄努力をしない人類は、ひとまず眠ってもらおうと、思われても仕方がないとは思う。

でも、出来れば、自らが招いた種をつみ取って、地球環境を少しでも元の状態に戻そうと、努めなければならないのではないかというのが、自然な発想である。

話がそれたが、惑星がどうして自転できるのか、ということを突き詰めてゆき、その答えがでれば、これに関連して、地球環境の改善に、つながってゆくと思うので、敢えて、寄り道をした。

私はその答えを、潜象物理学に求めている。潜象エネルギー場(界)が、顕象界の背後にあって、モロモロのエネルギーを供給しているから、そ

の原理を探せば、解決するであろうと考えている。
　外惑星自転のソース・エネルギーは、潜象界から供給されていると考えるのである。
　私自身は、視覚的に、潜象光の存在を知覚できたが、一般の方々には出来ない。私以外にも、潜象光を感知できる人がいるが、その数は少ない。
　潜象エネルギーが、岩盤を動かしたり、発光したりする現象が、過去に事例はあっても、最近は見当たらない。最近発生した地震のうち、幾つかは松代群発地震のように、岩盤の振動だったものがあろうが、その証明はかなり困難である。
　理由は、地震の震源が地下数十キロと、深いからである。皆神山の場合は、地下数キロであったから、ボーリングも出来て、地震の原因を推定することが出来た。
　地下深いところでは、そういう事は出来ない。

自転の仕組みはどうであろうか？

　前にも述べたように、水星と金星は、自転していない。それは、太陽の衛星的存在だからである。
　他の惑星に付随する衛星も、同じである。
　では、なぜ太陽や、惑星（水星、金星を除く）は、自転するのであろうか？
　一つの潜象圏の中心にある星だけが、自転しているのである。なぜなのであろう。
　考えられることは、中心の星には、もう一つ別の潜象エネルギー場が存在していて、それとの相互作用によって、回転が生じるのではないかと、言うことである。

顕象界と同様のことが、潜象界にも発生すれば、惑星は回転（自転）を始めるのである。

このことから、自転する天体は、2つの潜象圏を有していることになる。これまで述べた惑星潜象圏のなかに、もう一つの潜象圏がある。

このもう一つの潜象圏が自転に関与していると、考えざるを得ない。

話をはじめに戻してみると、太陽の第2焦点のところに、潜象太陽を想定した。これが存在しない限り、惑星の楕円軌道を形成できないからである。そして、顕象太陽と、潜象太陽とを合わせて、大きな太陽潜象圏が存在するとした。その中に、水星と金星が包含されている。

同じように考えると、惑星も、自転している以上、潜象惑星が存在し、顕象惑星と併せて、一つの惑星と考えるべきではなかろうか。

この惑星を取り巻くもう一つの潜象圏があり、この中に、その惑星に属する衛星群があると考えて良い。

このように考えると、系としての統一性が保てる。

外惑星の自転の根拠を調べるためにそれぞれの惑星が持つ衛星を調べてみる。

火星の衛星であるフォボスと、ディモスの自転周期と、公転周期は同じであるから、月と同じように、火星から見ると、2つの衛星は同じ面のみを火星に見せている。

木星の衛星には、ガリレオが発見したイオ、エウロバ、ガニメデ、それに、カイストという衛星がある。

『理科年表』には、衛星の公転周期は記載されていないが、『現代の惑星学』（小森長生著・東海大学出版会）には、エウロバの公転周期と、自転周期は、3.551日、同じくカリストのそれは、16.689日と、同じであることが記載されている。

イオと、ガニメデも同じである。

木星の衛星は、後年、大口径の望遠鏡による観測の結果、更に多くの

衛星が発見された。今では、総数15個を数える。

　土星といえば、その周辺を取り巻く美しい輪で有名であるが、衛星も18個発見されている。

　同様に、天王星でも、輪と共に、15個の衛星が発見されている。

　海王星の場合は、8個の衛星がその回りを回っている。

　これらの衛星では、殆どの衛星の自転周期と公転周期とは同じである。

　このことは何を意味しているのであろうか？

　前に述べたように、惑星を取り囲んでいる潜象圏の公転に伴って、衛星は公転していると思えるのである。

　潜象圏は、核になる惑星を包んでいるだけではなくて、惑星を中心とする公転を行っていると考えられる。

　その圏内にある衛星は同じペースで、潜象圏と一緒に動いているとすると、衛星自体には、回転力はなくて、存在している潜象フィールドの動きのままに、公転していることになる。

　また、離心率を見てみると、天王星や、海王星では、殆ど0である。とは言っても、この惑星も自転している以上、潜象惑星が存在していると考えられる。ただし、地球、火星、木星、土星の衛星は、離心率があることが観測されている。つまり、楕円軌道を描いていることになる。

　このことは、地球、火星、木星など、外惑星は、太陽と同じく、もう一つの焦点を有していることになる。

　そこには、太陽のように、潜象惑星が存在していることになる。

　もっとも、海王星には、ネレイドという名の衛星があり、これだけは、0.75という大きな離心率を示している。ただし、この衛星の自転周期は判明していない。

　この衛星の運動を詳細に検討すれば、彗星の運動と共通した理由を、見いだすことになるかも知れない。

　このように、衛星の動きは、必ずしも、一様ではないが、共通して言えることは、衛星とは、自らの回転はしないで、惑星を取り巻いている

潜象圏の回転に従って、惑星の回りを回っていると言えるのである。
　その惑星の大きな潜象圏内での動きであるということが出来る。言い換えると、惑星の潜象圏とは、その惑星が保有する衛星までの広がりを持つフィールドであるということになる。

　このように、惑星の殆どの衛星達は、それぞれの惑星潜象圏にあって、潜象圏の公転に伴って、惑星の回りを回っている。
　火星では、火星の表面から6000キロメートルほど、離れているフォボスが、非常に速い速度で公転している。火星の1日は、約24.6時間(地球時間)であるが、フォボスの公転周期は約7.7時間である。このことは、火星の1日のうち、3回強回ることになる。
　一方、その外側を回っているデイモスは、火星表面から約2万キロメートルのところを、約30.3時間で、公転している。
　フォボスのこのように速い速度というのは、どうして生まれるのであろうか？
　この理由を解き明かすことは難しいが、ある程度の推測は出来る。
　地球の上空には、偏西風が吹いている。冬期この速度が大きくなる。この風に乗ると、西から東に向かう飛行機は、対地速度が普段より速くなる。例えば、東京からアメリカへゆく場合、2〜3時間早く着く。逆にアメリカから東京にゆくときは、その分遅くなる。
　偏西風の場合は、この程度であるが、火星の潜象圏で、フォボスが位置する潜象圏に、強力な偏西潜象流があれば、こういう衛星の動きが可能になる。
　高速の潜象ベルト（帯）が回転しており、そこをフォボスが移動していると考えられるのである。
　自転しない衛星がこんなに速い公転をする理由としては、こういうことではないかと思う。
　海王星の最大の衛星であるトリトンは、逆行衛星である。海王星の自

転方向とは、逆方向に公転している。ただし、自転周期と公転周期とは、同期している。

『現代の惑星学』にある衛星の表では、トリトンのデータは、次のようになっている。

海王星の内側から数えて、7番目の衛星、軌道の半径は、海王星の半径を1とした場合、35.98、公転周期5.877、自転周期は公転周期に同期、離心率0. 半径1359キロメートル、質量1214×10の20乗キログラムなお、海王星の自転周期は、16.11時間である。

この特異な動きをするトリトンは、軌道面の傾きが非常に大きく、157度である。これに23度を加えると、180度となり、ほぼNSが逆転していることになる。

海王星の衛星では、ネレイドが、最も外側を回っている。その軌道半径は、5513キロメートルで、離心率が0.75と、極端に大きい。なお自転周期は不明である。

その他の衛星は、いずれもトリトンの内側を回っている。その大きさは、ネレイドに比べると、大分小さい。その中で最も大きいプロテウスでも、トリトンの1/7弱である。

トリトンの軌道がなぜこんなに大きく傾いているかは、今のところ判っていない。

ところで面白いことに、火星、木星、土星の衛星は、離心率のある楕円軌道を描いているが、天王星と海王星では、様子が違っている。

この2つの惑星を巡る衛星は、ネレイドを除き、離心率が殆どゼロなのである。

この傾斜角の大きい衛星は、木星や土星にもあり、逆行現象そのものは、前に述べたように、現代天文学でいう視差の問題があるのかも知れない。また傾斜角も大きい。

ここでは検討の対象としていないが、金星の逆回転のように、よく調

べれば、視差の関係と言うよりも、何らか別の理由があるはずである。
　ではなぜ、同じ衛星の中で、傾斜角が大きいかということについては、判っていない。このことは天王星の自転軸が横倒しになって公転していることと併せて、今後の研究課題であろう。
　天王星の自転軸は、97.9度と、横倒しになっている。もっとひどいのは、金星で、177.4度傾いている。つまり、北極と南極とが、他の惑星と比べて、上下が逆になっている。
　地球は23.5度であるが、各惑星まちまちである。太陽そのものも、7.25度と、自転軸がぶれている。
　この自転軸のぶれの理由は不明であるが、地球に限っていえば、太古の地質を調べてみると、地球でも、過去にはこの自転軸が、現在よりも大きくぶれていた時代があったことが判っている。どうして判ったかといえば、岩石に残っている残留磁気を調べた結果だという。何億年もの単位で見ると、地球の自転軸も何度かぶれていたそうである。
　天王星と、海王星の衛星の離心率がゼロ、あるいは殆どゼロに近いのは、潜象惑星の存在を考えなくても良いということではなくて、顕象惑星と潜象惑星とが、極めて接近していると考えるべきであろう。このことは後ほど述べる。

地球と月

　内惑星である水星と金星は自転していない。他の惑星の衛星や、月も、同じである。となれば、惑星の1次潜象圏と、もう一つの潜象圏との回転ということになる。
　もう一つの潜象圏とは何か？
　例えば、身近な月を考えてみる。地球は自転しているが、月は自転していない。今日の天文学では、月の自転周期は、公転周期と同じである

と、言っているが、これは自転していないことと同じである。
　では、月にも　潜象圏はあるのか？ないのか？
　建前としては、天体にはその天体固有の（あるいはその天体を包み込んでいる）潜象圏があると考えて、話を進めることにする。
　選択肢としては、自転しない天体には、固有の潜象圏はないという考えも、ないではないが、ここでは前者を採ることにする。
　理由は、水星や金星の自転速度が、隣の惑星の影響を受けて、変化していることから、それぞれ潜象圏を持っていると、考える方が良いからである。
　『理科年表』に記載されている地球の作用圏の大きさと、月との距離を調べると、次のようになっている。

地球の作用圏半径	0.92×10^6 キロメートル
月の軌道の長径	$60.27 \times$ 地球の半径
	$=38.44$ 万 km
	(0.38×10^6 km)
離心率	0.055

　このデータから、次のようなことが考えられる。
　地球も太陽と同じように、潜象地球を有している。この潜象地球は、第2焦点に存在する。このように、第2焦点に、潜象惑星（この場合は地球）が存在すると、回転力（自転力）が発生すると考えられる。

　この潜象地球の位置を確かめてみる。
　F1と、F2（焦点）の距離は、2aeである。従って、
$$2 \times 0.384 \times 10^6 \times 0.055$$
$$=42.24 \times 10^3 \text{ km となる。}$$
　顕象地球から、42000km離れたところに、潜象地球の中心があるこ

とになる。
　地球半径と比較すると、約8倍弱ほど離れた位置になることが判る。

　自転する天球は、2つの潜象圏を有する。
　この地球（惑星）を包んでいる潜象界（圏）は、回転している。内側の潜象界は、24時間で1回転している。
　ということは、顕象地球と潜象地球とが回り合っているか、乃至は、潜象地球の周りを、顕象地球が回っており、これが自転として、認識されていると考える。
　このあたりのことを確かめられるようなデータは、理科年表からは得られないので、このへんで話は止めておく。
　太陽の場合も、地球の場合と同じように、顕象天体と潜象天体との相互作用が、自転の決め手になっていることは、間違いないものと考える。

　後で述べるが、宇宙の中には、光を全部吸い込むブラックホールというものが存在するというのが、最近の天文学である。
　顕象太陽の引力と同等の引力を有する潜象太陽というのは、ブラックホールとは根本的に違うが、肉眼では視えない点は同じである。

　このような天体は、回転（自転）している。潜象天体は、高次のエネルギー場を持ち、顕象空間に、エネルギーを放出する。このエネルギーが、顕象場（界）をささえている。

　このことを、月の例で考えてみる。
　自転しない天球である月には、潜象圏は一つしかない。しかし、この月にも、引力の場は存在しており、地球にも、その影響を及ぼしている。
　一番判りやすいのは、潮汐作用である。地球の海の干満は、月と太陽の引力作用によることは誰でも知っている。

流動体である海水は、月と太陽の位置によって、満ち、引きを繰り返す。
　このことから、月と地球の間には、地球が月を引っ張っているほかに、月もまた、地球を引っ張っており、この力が潮汐作用となって現れている。
　だから、金星への影響を考えると、自転しないことと、月の引力とは、別のこととして、捉えておかねばならない。

　前にも述べたように、潜象地球（1次潜象界）は力の場であり、顕象地球と同じように、引力（潜象引力）を有する。これがなければ、月は楕円軌道を描いて、地球の周りを回ることは出来ないからである。
　ところでこの月を包含した地球潜象界は、どれほどの大きさであろうか？これについては、地球の作用圏半径より、一回り大きいであろうと推察するが、それ以上のことは、これから先の研究にかかっている。

太陽系と大湯の環状列石（ストーンサークル）

　私はこのように考えていて、ふと、東北地方鹿角盆地にあるストーンサークルを思いだした。このストーンサークルの構成は、かなり複雑である。中心部に小ストーンサークルがあるが、これは、更に合計12群の小さなストーンサークルから成り立っている。
　外側のストーンサークルもまた、似たような構造になっている。外側の石群は、16個の小ストーンサークルで構成されている。この石群は、その一つが、中央の1個の立石を囲んで、横に寝かした石群で構成されている。この石群はその石の構成が同じではなく、何種類ものパターンがある。このようにかなり複雑な構成であるが、大きく分けると、中央部の環状列石（ストーンサークル）と、外側の環状列石とに大別される。
　これらの石群を構成している岩石は、2000個から3000個あったと

第1部　太陽系不思議物語

言われているが、いずれも石英閃緑ひん岩である。
　潜象エネルギーを吸収できる石英を含んだ岩石である。
遺跡そのものは、かなり崩れていて、原形をすべて予測できなかったが、ある程度判別した図を作ってみた。
　次にそれを掲載するので、参考にしていただきたい。なお、詳細については、拙著『十和田湖山幻想』のなかに、鹿角盆地が、嘗て湖であったことや、その後隆起して盆地になった年代などについての情報も、記述してあるので、ご覧頂きたい。

図11　万座遺跡（ストーンサークル）

写真1　上：黒又山　下：ストーンサークル・万座日時計

第1部　太陽系不思議物語

写真2　野中堂日時計と黒又山

そしてこの環状列石は対になっている。万座環状列石と、野中堂環状列石である。

　野中堂列石の方が、万座列石よりも一回り小ぶりになっている。残念なことに、野中堂列石の方は大部分の列石が消失しており、原形を推測するのが、かなり困難であった。

　しかし、この対になっている列石は、顕象太陽と潜象太陽の組み合わせ、あるいは、顕象惑星と潜象惑星の仕組みに、原理的に似ているように思える。

　そしてこの列石のすぐ傍には、ピラミッドではないかといわれている黒又山（クロマンタ）がある。この山の内部は、地下探査をしたら、階段状になった石組みが見つかったそうである。だから、人工の山ではないかと言われている。

　となると、この山は、潜象エネルギーを集約するためのものであり、ストーンサークルと何らか、密接な関係を持っていると考えられる。

　例えば、太陽に対する高次潜象圏で、太陽へ潜象エネルギーを供給するような役割を、持っていることになる。

　太陽系の構成と、このストーンサークルとは、その構成がよく似ている。以前、ストーンサークルの調査をしたとき、潜象エネルギーを集めるのに、よくこのような構成を考えたものだと感心した。

　いま、太陽系の仕組みを考えていて、なるほど、ルーツは太陽系にあったのだと思い至った。

　自然の摂理は、巨大な太陽系も、ストーンサークルも、原理は同じなのである。

木星型惑星は、なぜ、自転周期が短いか？

　木星、土星、天王星、海王星といった大型惑星は、おしなべて、自転周期が短い。つまり、自転速度が地球型惑星に比べて、非常に速いのである。
　このエネルギーは、一体どこから来ているのであろうか。
　この問題に入る前に、一つ注目すべき事柄がある。それは、これらの惑星は、多くの衛星を持っているばかりではなくて、リングと称する鉢巻き状の輪を持っているのである。この中では、土星のリングが一番大きくて、有名である。

　太陽系は、火星と木星との間に、小惑星群を有している。これはいわば太陽のリングに相当する。
　このような見方をすれば、木星型惑星というのは、ミニ太陽系とも言える。木星や土星などは、小さな太陽系の集まりである。
　唯違うのは、前に述べたように、自転周期が、太陽の自転周期25日に比べて、極めて短いことである。太陽ともう一つ違うのは、太陽のように、巨大な熱と光を放散しないことであるが、最近の観測では、木星はかなりの熱などを放射していることが判ったようである。これらの違いはあるが、構成はよく似ている。

　木星型惑星は、なぜ、自転周期が短いのであろうか？
　これらの惑星は、密度が小さい惑星であるとされている。
　木星1.33グラム／立方センチ、土星0.69、天王星1.27、海王星1.64である。
　しかし、太陽の自転周期は、約25日と、かなりゆっくりである。

このように、太陽と比較してみて、密度が小さいことが、自転周期の短いことの理由ではないようである。
　理科年表にある惑星表からは、この理由を読みとることは困難である。
　でも何らかの理由があるはずである。この年表には惑星の作用圏半径が記されている。
　木星 48.2×10^6 km、土星 54.65、天王星 51.84、海王星 86.77、というように、地球の 0.92 に比べて、非常に大きい。しかし、この数値と、自転周期とを比較してみたら、バラバラであり、関連性は見当たらなかった。
　計算根拠が示されていないが、質量の大きい木星よりも、質量の小さい海王星の作用圏半径が大きいことは、少し不自然である。
　惑星の作用圏半径の大きさから判るように、木星や土星は、地球の50倍前後もある。海王星に至っては、90倍近い値になっている。潜象圏半径となれば、更に大きくなる。
　しかも、大きな衛星群を率いている惑星である。
　GYRO というのは、速い速度での回転がなければ、回転軸が立っていることが出来ない。回転力が弱まれば、首振りを始めるし、しまいには倒れてしまう。子供達の独楽回しをみているとよく判る。
　惑星という大きな独楽がその運動を保持してゆくためには、潜象圏の回転が速くなければならない。
　現在の惑星の状態というのは、この GYRO の回転速度が、この系の保持に、ちょうど見合った状態にあると言えよう。
　ちょうど、見合った潜象エネルギーの供給が、為されているのである。

　木星型惑星の自転周期が、短い理由として、現代科学を基にして、考えられることが一つある。
　木星にしても、土星にしても、地磁気が地球と比較して、異常に大きいことである。木星では、地球の約 4000 倍、土星では、約 1000 倍で

115

第1部　太陽系不思議物語

あるという。この高磁場が、その大きな理由にならないかということである。

　ここで、もう一度惑星表を抜き出してみる。

	公転周期	自転周期	赤道半径	密度	磁場	
木星	11.86	0.414	71.49	1.33	4000倍	NS逆
土星	29.46	0.444	60.27	0.69	1000倍	NS逆
天王星	84.02	0.718	25.56	1.27		
海王星	169.77	0.671	24.76	1.64		

※木星は、受けている太陽熱の約2倍の熱を放散している

　また併せて、地電流も、大きいと思われる。しかし、資料には、地電流のデータは記載されていなかった。
　どういうことが起きるかというと、一つの考え方としては、誘導型モーターの原理である。フレミングの左手の法則によって、回転が発生する。磁気や電流が大きければ、回転力は大きくなる。
　このように考える根拠は、地球の地下マグマの状態を考えたダイナモ理論を参考にした場合である。
　つまり、顕象磁場と顕象電流の組み合わせによって、これらが異常に大きい大惑星である木星や土星の自転速度が大きくなり、結果として、自転周期が短くなると考えることも出来る。
　ところで、同じく自転している火星には、地磁気が観測されていない。このことは何を意味しているのか？天体の運動は、同じ原理によるものと考えると、前述した木星型惑星の自転の根拠はあやしくなる。また、巨大な電磁場を持つ太陽の自転速度も遅い。
　顕象磁気と顕象電流では、自転は発生しないと言うことである。残る

は、潜象磁気と潜象電流しかないことになる。
　なお、天文学では、火星に磁気がない理由として、火星内部が固体化していて、流動性を持った物質が存在していない。だから、ダイナモ理論による地磁気の発生が無いものとして、説明されていたが、最近は、ごく僅かだが、地磁気が存在するという話もある。
　しかし、地球と同程度の自転をしている火星の微弱磁場と、地球磁場の事を考えると、地磁気が自転の根拠になるとは言いにくい。

　このように考えると、大惑星であるにも拘わらず、自転周期が短いのは、地磁気や地電流によるものではないということが判明する。

　単体の天体及び、その潜象圏のみでは、自転エネルギーは存在しないことが判った。
　では、自転する天体は、どうして自転するためのエネルギーを有しているのであろうか？　このことを考えるにあたっては、まず、潜象惑星が存在していることを、想定しなくてはならない。
　恒星の中には、二重星と呼ばれる天体があり、互いにその周りを回っている。この二重星は、望遠鏡で観測されているので、いずれも眼に見える星である。
　自転する天体の場合、この二重星のように、二つの可視天体がなくても、自転するものがある。
　惑星の場合は、単体の天体である。二重星ではない。
　二重星でない天体が回転するとなると、二重星に代わる何か存在しなくてはならない。それを私は、潜象惑星であろうと、想定するのである。
　この潜象惑星は、格別その大きさを規定しなくても良いと考える。ブラックホールのように、視えない存在である。
　これは、潜象エネルギーの放出を行う機能を有している、潜象天体であればよいのである。

このような潜象惑星が、存在するとすれば、その位置は、潜象惑星を一つの焦点とするもう一つの焦点の位置に、存在すると考えることが出来る。

このように考えると、衛星が楕円軌道を描いて、公転する理由がはっきりしてくる。太陽の周りを惑星が公転するのと、同じ理由である。

二つの焦点のそれぞれに、引力源があるとき、このような現象が起きるのである。

水星と金星を除く各惑星の自転はどのようにして維持されているのであろうか？

下表に示すように、惑星の自転周期はまちまちである。そして、木星型惑星の自転周期は、惑星が大きいにもかかわらず、地球や火星と比べて、短いのである。

巨大惑星の方が、地球よりも速く自転しているというもの、不思議な話である。

なぜ、このようになるのかを考えてみる。

ここに各惑星の作用圏半径、赤道半径、及び、自転周期を挙げておく。

	作用圏半径 (km)	赤道半径 (km)	自転周期
木 星	48.2×10^6	71.5×10^3	0.414 日
土 星	54.65	60.3	0.444
天王星	51.84	25.6	0.718
海王星	86.7	24.8	0.671
火 星	0.58	3.4	1.026
地 球	0.92	6.38	0.997

（理科年表）

二つの焦点の位置に、力の発生源がないと、回転運動は発生しないのであろうか？

　自転の大きさ、つまり。自転周期の大小は、顕象核（固体惑星）の大小に比例しているとすれば、それぞれの顕象核の大きさに応じて、これを包む潜象圏の大きさが、決まっていることになる。

　そして、その顕象圏の外側の回転速度が同じでも、それに接するもう一つの潜象圏の回転速度から、内側に行けば行くほど、内側の顕象圏の回転速度は、速くなることになる。

　これは、引力が距離の二乗に反比例すること、及び、これと遠心力とが、釣り合っているという法則から、明らかである。つまり衛星が、固体惑星に近い程、引力が大きく、それに従って、これと釣り合う遠心力が大きいことを意味する。

　遠心力が大きいことは、周回速度が大きいこと、即ち公転周期が短いことになる。

　ただし、天王星と、海王星とは、自転周期と赤道半径の大きさを比較すると、奇異を感じる数値となっている。

　この理由は、今のところ、不明であるが、何らか、理由があるはずである。これらのことは、今後の研究課題になる。

　自転周期が短い理由として、もう一つ、別の考え方をしてみた。

　月の軌道の長半径は、固体地球の中心より、384,400km であり、地球の作用圏半径よりもかなり内側にある。

　このような考え方をしてきたが、ここで、地球以外の惑星に付随する衛星の離心率を調べてみた。理由は各惑星の第2焦点が、顕象惑星からどれ程の位置にあるかをみるためである。

　惑星それぞれに付随する衛星の状況を調べてみると、殆どの惑星で第2焦点の位置が、惑星本体の内部に存在するという試算結果がでたのである。

特に、土星、天王星、及び海王星の衛星の離心率は、ゼロまたは零に近いという観測結果があることが分かった。
　このことは、これらの惑星の衛星は楕円軌道ではなくて、円軌道を描いて公転していることになる。
　楕円の２つの焦点は、その間隔が狭まっていくと、扁平度が小さくなっていき、２つの焦点が１点になると円軌道になる。
　だからこの場合でも、潜象惑星が存在しており、それが顕象惑星と合致した位置にあると考えても良い。
　潜象惑星は顕象惑星とは次元が異なるので、同じ位置に存在するという考え方も成立するのである。
　そしてこの場合は、潜象、顕象２つの惑星の回転（自転）が速くなるということになる。この考え方を適用すれば、巨大惑星の自転速度が速い理由になる。
　ではその仕組みはどうなっているのであろうか？
　前に述べたように、潜象界からのエネルギーの流入があり、それに伴って、潜象界に回転場が発生する。
　この潜象回転場に従って、顕象惑星の自転が発生すると考えることも、出来るのである。
　このように考える場合、潜象惑星は必ずしも、存在しなくとも、潜象エネルギーの流入点があればよいことになる。
　そうすると、太陽の自転周期が長いことと、惑星の自転周期が短いこととの違いがはっきりしてくる。
　木星型惑星の場合適用できても、このことは火星の場合は若干異なっている。火星の衛星の離心率を調べてみると、意外に小さくて、第２焦点の位置は顕象火星の内部にあることが判った。火星は地球と同じぐらいの自転をしているのに、潜象地球を想定した場合と違っていた。
　ただし、木星の第二焦点の位置と、火星の第二焦点の位置とを比較してみると、同じように顕象惑星と重なっているが、その状況は木星型惑

星とは違っている。

　木星の場合はその衛星の公転軌道から考えて、殆ど円に近いと考えられるが、火星の場合は、少しずれている。この違いが自転速度の違いといえる。
　このことを、もう少し調べてみる。
　火星の衛星フォボスの離心率から、火星の第2焦点の位置を計算してみる。
　『現代の惑星学』の附表にある衛星諸元は、次のようになっている。

　　フォボス
　　軌道の長半径　　　9378km（母惑星の赤道半径を1としたとき、2.76）
　　公転周期　　　　　0.319日
　　自転周期　　　　　同上
　　離心率（e）　　　 0.017
　　焦点間距離　　　　2ae　　a＝軌道長半径
　　火星の赤道半径　　3397km

　以上より、第1焦点、第2焦点間の距離は、318.8kmとなる。
　火星の半径3397kmと比較すると、第2焦点は火星本体の中心より約320kmのところに存在していることになる。
　一見、奇異に感じるかも知れないが、顕象界と潜象界とは、宇宙空間の中に、重複して存在していることを考えると、別に違和感はない。
　火星の自転周期は、地球とほぼ同じように、約1日である。地球の第2焦点位置と比較すると、火星の周期が地球とほぼ同じという理由は、見えてこない。自転速度はもう少し速くても良いはずである。
　ただし、火星の第2焦点位置が変動していることから、今後別の理由が存在する可能性があることを付記しておく。

なお、火星の場合、第2焦点に存在すると思われる潜象火星の持つ回転力が若干弱いために、木星型惑星ほどの自転力がないのではないかと思える。その理由としては、火星の密度が大きいので、それがドライブ力に影響を与えているのではないかと推察する。
　潜象惑星が、顕象惑星と殆ど重なった状態で存在している場合、どうして惑星の自転速度が速くなるかについては、以下のように考えられる。顕象惑星の自転は潜象惑星の回転に引きずられて発生すると考えると、2焦点間距離が短いほど、その回転力（自転力）は大きくなる。その結果、木星型惑星の自転が速くなると考えられるのである。
　これらの事柄をふまえて、惑星の自転運動のメカニズムを考えてみると、顕象界の惑星は、潜象界の惑星の回転に引きずられて、自転をしていると考えるのが至当であろう。
　これを拡張してゆけば、自転している天体は、潜象界の第2焦点にある潜象惑星によって、その回転に伴って、自転する力を得ていることになる。

　また、自転とは少し異なるが、火星の場合は、衛星の一つが非常に速い速度で火星の周りを公転しているという変わった現象があり、私はこの理由を超高速ジェット潜象流が存在している為であると考えてみた。この潜象流が火星の自転に、影響を及ぼしている可能性もあり、木星型惑星とは、幾分、自転に関しても、違う考え方が必要であろう。
　ただし、この考え方を適用すれば、火星の自転を加速することになるので、考え方としては採用しにくい。
　強いて言えば、潜象火星のドライブ力が、顕象火星の質量に比して、稍、弱いのを超高速ジェット潜象流が補っているかも知れぬといった程度のことである。
　もう一つ、小惑星群の影響が、どれ程かを確かめる必要もある。しかし、この小惑星群は、ベルト状になっていて、この潜象圏は常時、火星の公

転軌道と接していると考えられるが、マス（小惑星全体）として、小惑星群の火星に対する影響がどれ程かは推測できない。多少なりとも火星の自転に影響を与えているだろうぐらいしか、現時点では言えない。
　この衛星フォボスの公転速度が速いことの理由としては、前に述べたように、木星型惑星にある環と同じものが潜象界に存在していて、それが極めて速い速度で火星の周りを回っているのではないか、という考えである。潜象流であるから、この環は見えない。だから衛星だけが速い速度で公転しているように見える。

　楕円軌道を描くには、2つの焦点のそれぞれに、力の場がなければならないとする数学の原理を太陽に適用して、更にこの法則を用いて、惑星の自転を説明した。
　そして、このことは、太陽の自転と相似の現象である。つまり、自転する天体はそれに対応する潜象天体が存在し、相互に回り合って、自転という現象が発生するのではないか、あるいは、潜象エネルギーの流入により、発生する回転場によって、天体の自転が発生するのではなかろうか、という考えに発展した。
　潜象界からのエネルギーの流入に伴って、場の回転が発生することと、潜象惑星が存在することによって、天体の回転（自転）が発生すること、及び、潜象エネルギーの絶え間ない供給が天体の自転を支えていると考えられる。
　更に、この潜象天体・あるいは潜象エネルギーの供給点が、顕象天体（この場合は惑星）に、近ければ近いほど、自転速度は大きくなり、結果として自転周期が短くなるのであろう。
　潜象界からのエネルギーの流入に伴って、場の回転が発生することと、潜象惑星が存在することによって、天体の回転（自転）が発生すること、及び、潜象エネルギーの絶え間ない供給が天体の自転を支えていると考えられる。

コラム 5
光の粒子性と波動性について

水面に何か（水滴でも良い）を落とすと、同心円の輪の形に、波が発生する。この輪は波動になって、周辺に伝わってゆく。水面に落ちる水滴が連続していれば、水粒子の放散が、水面上で連続した波動に変化したことになる。
ごく普通にみられる現象である。
私は自分でコーヒー豆を挽き、ドリッパーでコーヒーをいれる。ドリップするコーヒーの一滴一滴をみていて、このことに気付いた。
連続して落ちるコーヒーの一滴一滴と、落下したものが、コーヒー受けに溜まったコーヒーの表面に波面をつくる。同心円の波面である。
一滴一滴の粒子と、コーヒー表面の同心円の波をみていると、粒子性と、波動性の2面性があることに気付いた。

コーヒーのドリッパーからの水滴（コーヒーの一滴一滴）と、これを受ける容器に溜まったコーヒーの表面（水面）に現れる同心円からの推測であるが、この容器の水面を上へ持ち上げても、また、下へ移動させても、この水滴と水面の同心円との関係は変わらない。
更に、一つの仮定を設ける。
この容器の水面が水滴を透過させる薄い膜面が、幾層にも重なっているものとする。
また、この薄い膜面を水滴は透過することが出来るものとする。
すると、無数の水面が出来ることになる。

この水面を水滴が透過するするとすれば、この無数の水面には、同心円の波紋が幾つも広がることになる。
このことは、水滴の持つエネルギーが、水面の同心円に変化することになる。
この水滴を光の粒子に置き換えてみる。すると、光の粒子が同心円を描く波動に変化したことになる。
水面は実際には、殆ど水滴を通さないが、空気という気体の中では、光の粒子は通過するから、無数の同心円面、つまり、波動面は連続していると、考えることが出来る。
以上のことから、光の粒子は波動に変化したと言えるのである。
光は粒子性と、波動性の両面を有していることになっているが、これまでは、唯、単に、粒子性と波動性を有しているというだけで、どうしてそうなるのかの説明は何もなかった。
私は、はしなくも、コーヒーのドリッパーに起きた現象から、このことを思いついた。
このように考えると、光の粒子は、波動性も有しているという話は、光は元々粒子であるが、このような仕組みで波動に変化するものであるという説明になるのではなかろうか。

追補
この考え方を、もう少し拡張してみると、次頁のようになる。
導線に電流を流すと、周辺に同心円の磁場が発生する現象と、相似の現象が潜象界にも発生することを前に述べた。
光粒子の場合も、同じように考えると、粒子が波動に変化する仕組みを、説明する有力な考え方になる。

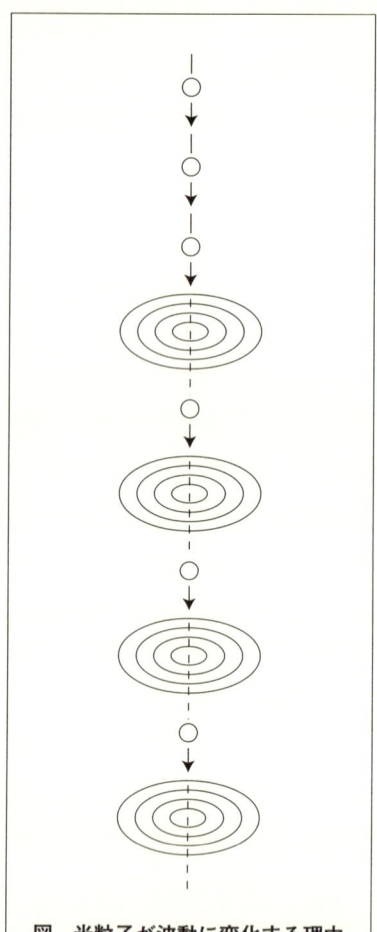

図　光粒子が波動に変化する理由

　この本では、これ以上、範囲を広げる心算はないが、光の伝播に際し、光は粒子性と波動性の、互いに相反する性質を持っていることを考えると、案外、このようなところにその類似性があると、考えて良いのではないか。

ブラックホール・高エネルギー現象と潜象界

　現代の天文学は、めざましい発展を遂げている。ガリレオ時代に始まった望遠鏡の時代から進歩して、大口径の反射鏡式望遠鏡による観測が出来るようになった。
　これにより、はるか遠くの星達の観測が行われるようになった。また、この他、電波望遠鏡によるＸ線や、ガンマー線の検出が出来るようになった。
　また、太陽系内については、いくつかの宇宙探査機が打ち上げられて、惑星のすぐ傍まで行って、詳細な観測、データの蒐集が行われている。
　このように、私達の手の届かない宇宙の現象を明らかにしている。
　これらの新しい発見の中で、ブラックホールにまつわる観測結果と、それによる学説を、『ブラックホールと高エネルギー現象』（小山勝二・嶺重慎編、日本評論社）のなかに述べられている。

　恒星の種類としては、白色矮星、中性子星、パルサーなどがあるが、特筆すべきは、これらの範疇に、ブラックホールが、追加されていることである。
　姿形が確認されたものというより、諸般の観測データーより、そこにある種の星が存在しているであろうという推測によるものである。それを相対性理論でいわれる、ブラックホールであろうと考えたのである。
　光速を超える速度は存在しないという理論から生まれた、暗黒の世界である。
　このブラックホールには、恒星質量のもの、大質量のもの、中質量のものなどの種類が、ハップル宇宙望遠鏡で、観測されたものであるという。

前に述べたように、超光速の世界を論ずるとき、この問題をクリアーしなければならない。

この本の中では、潜象界を前提にしているので、話が大きく違ってくることに留意されたい。

超光速が存在することと、光速を限界とする理論との違いが、潜象界を想定するか、ブラックホールを想定するかの違いとなる。

最近、このように、新しい天体・ブラックホールが認知されるようになった。

また、可視光線領域の宇宙で、色々な恒星の姿が観測されている。その結果、宇宙の中には、想像もつかないほどの高エネルギー場が、数多く存在していることが判った。

これらの観測結果のなかで、注目すべきことがある。それは何かというと、恒星の多くは、二重星であることである。

特に、ブラックホールと対になっている恒星があり、互いにその周りを回っているという考え方に変わってきた。このことは興味深い。

またこのような連星の軌道は、楕円軌道であるという。つまり二つの焦点にある星の描く軌道は、楕円軌道なのである。

このような実際の観測結果から類推すると、これら恒星には、その回転の中心に、更に2つの焦点が存在し、その焦点からの力によって、楕円運動が成立しているのではないかという考え方になってくる。

このことを太陽系に当てはめてみると、次のようになる。前にも述べたように、楕円軌道を描くには、焦点は2つなければならない。

しかし、現実には、太陽は一つしかない。一方、二重恒星の中には、相手の星が肉眼では観測できないが、二重星と考えられるものがある。

これらのことを考え合わせると、太陽にも未だ観測されていない、も

う一つの太陽が存在すると考えても、可笑しくない。
　私がこれまで述べてきた潜象太陽である。
　ただし、その基本となる考え方は、大きく異なっている。私の考え方の基となっているのは、あくまでも、潜象界、潜象エネルギー場であって、現代物理学でいう光を全部吸い込んでしまうというブラックホールの考え方ではない。
　ブラックホールという概念が出来たのは、アインシュタインの光速度以上の速度は存在しないということを前提とした考え方に基づく。
　私が唱える潜象界の光というのは、超光速の光であるから、考え方には、大きな違いがある。

　だが、天文学が捉えた恒星の中には、その多くが二重星であり、その中には、恒星がブラックホールと対になっていると考えられるようになってきた。
　この事実は尊重しなければならないが、ブラックホールそのものの観測ではない。あくまでも、相対性理論を拡張して、ブラックホールが存在するとしていて、それが恒星と連星であるかの如き運動をしているというのである。
　これは、見方を変えると、潜象太陽、あるいは潜象惑星が存在する可能性についての、傍証になるのではなかろうか。

　潜象物理学の理論では、潜象光はいとも簡単に、超光速となっている。
　潜象光は、肉眼では見えない光なので、現段階では、速度の測定は出来ていない。
　しかし、いずれ、超光速を測定することも出来るようになるであろう。
　これと違って、ブラックホールは、相対性理論の、理論上の産物であったのが、二重星の恒星を観測していて、これがブラックホールに相当すると、推定された星である。

一見似ているように見えるが、ブラックホールと、潜象圏・潜象エネルギー場とは、似ていて非なるものである。
　私は、二重星を構成する恒星の相手の星が、ブラックホールであるというよりも、潜象光星であると、考える方が良いと思っている。
　そして、ブラックホールのエネルギーであるが、吸い込んだ光エネルギーと考えるよりも、より高次の潜象界エネルギーのことであると考えるのが、正しいと思っている。

　話を太陽系に戻してみると、前に述べたように、太陽の第二焦点の位置に、潜象太陽が存在すると考えることが出来る。これは、第二焦点の位置にブラックホールが存在すると考えるよりも、無理がないと思う。
　そして、一番の違いは、ブラックホールは光エネルギーを吸収するのに対し、潜象太陽は、潜象エネルギーを放出すること、及び、引力に相当する力の場を持つと言うことである。
　この潜象太陽は、太陽（顕象太陽）の自転力も、もたらしているのである。
　同じように、惑星についても、潜象惑星を想定することにより、惑星の自転エネルギーを供給していると考えることが出来る。
　一方、内惑星や、衛星には、それがないので、自転力が発生しない。
　しかし、太陽の3次潜象圏内、あるいは、惑星の2次潜象圏内にあるため、その潜象圏の回転に従って、公転しているのである。

　太陽も恒星であるから、他の恒星のように、二重星であっても可笑しくはない。
　ブラックホールと対になっている恒星が、互いに回転しているように、太陽もまた、眼に見えない星・ブラックホールではなくて、潜象エネルギー場の太陽と、対になっていると考えるのである。
　この太陽の相手の星を、潜象太陽であると考えている。

この潜象太陽が、第2焦点のところに存在しており、これによって、太陽系惑星は、楕円軌道を描いて、太陽の周りを公転しているのである。
　このような仕組みから推察して、この潜象太陽はブラックホールではない。
　このことが、太陽の自転力を生み出している。そして、注目しなければならないのは、潜象界のエネルギーは、アインシュタインの理論とは異なるものである。
　相対性理論でいう4次元理論とは、根本的に異なっていて、新しい潜象界理論に基づく、エネルギー核であるからである。
　4次元理論には、潜象エネルギー空間ではなくて、その前提となっているのは、宇宙は真空であるという考え方である。
　この4次元理論に導入された時間軸が問題なのである。3次元空間に時間軸を一つの次元として考えるのは、単に次元の移動に過ぎず、空間とは異質の次元なのである。
　4次元、5次元、6次元といった高次元の考え方は、数学上の考え方としてあることを、否定はしないが、これを空間に適用するのはいかがかと思う。
　空間の世界はX,Y,Z軸の構成が基本であって、この空間の高次の世界というのは、振動数の高いこれらのエネルギー空間が、重複して存在することであると、理解しなければならない。
　時間軸というのは、過去、現在、未来をつなぐ、連続体と捉える方がよいと考える。
　無理に、光速との積を考えて、一つの次元として、採用すべきではない。
　空間はあくまでも、3次元空間であり、ctを一つの次元として、4次元時空を考えるべきではない。潜象界も3次元空間（3次元潜象空間）であり、これが3次元実空間と重複して存在すると考えるべきものである。
　これから先は、推定の域を超えないが、過去（過去空間）というのは、

潜象界にフリーズ（凍結）されて存在し、潜象エネルギー的には、顕象界よりも更に、下位の潜象空間として、存在するのではないかと思える。これらの空間は無数に潜象空間として積み重なっていると思える。

　過去の空間が存在するなら、未来空間はどうか？という疑問が出てくる。

　世の中には、未来予測が出来る超能力者が過去にも存在していたし、現在もいる。

　ということは、未来空間も存在すると言っても良いかも知れない。しかし、この本の中では、そこまで言及するのは差し控える。

第2部
万有引力（重力）は、
なぜ発生するのか？

　力の場が発生する原因とか理由というものは、色々考えられる。
　磁場に電流が流れることによって発生する電磁力、ダムのようにポテンシャルを利用した水の落下による力、回転場に発生する垂直力、ロケットなどのように圧力差による噴出力等々、色々な方法によって、力の場は発生する。
　ところが、万有引力（重力）と呼ばれる力は、どうして発生するのか、皆目分かっていない。
　今のところ、複数の物体が存在すれば、その物体間に発生する力であるという風に考えられている。もちろんなぜ発生するか判っていない。
　2つ以上の物体（天体）があって、始めて発生する力ということになっている。

　では、もし仮に、宇宙に1個だけ物体（天体）がある場合、万有引力は発生しないのであろうか？何となく不思議な話である。

第2部　万有引力（重力）は、何故発生するのか？

　ここでは、この問題に取り組むことにする。
　宇宙は真空ではなくて、潜象エネルギーが一杯詰まった超多重空間であるという前提のもとで、話を進めてゆく。
　引力という言葉そのものが、引っ張り合う力の意味であるから、2つ以上の物体が存在することが、条件になっている力なのである。

1. 引力は、単体の物体（天体）だけの時には、本当に発生しない力なのであろうか？
2. 万有引力には、斥力は存在しないのであろうか？

　これらが、当面検討するテーマである。

万有引力は、単体の物体（天体）だけの時には、発生しない力なのか？

　第一のテーマについての答えは"ノー"である。

　万有引力というのは、その物体（天体）が、単体の場合にも発生していると考えるのが、正しいと思われる。
　物体（天体）が存在するだけで、その物体（天体）固有の力の場が、存在（あるいは発生）しているのが、万有引力（重力）の場である。英語では、両者とも、gravity（あるいは gravitation）と訳される。
　ではなぜ、このような力の場が発生するのであろうか？
　宇宙は真空であるという前提に立てば、万有引力（重力）とは、なんとミステリアスな力なのであろうと思われる。
　しかし、宇宙は真空ではなくて、潜象エネルギーに、満ち満ちた空間であると考えれば、そこには、何らか、力の発生要因になるものが、存在するのではないかという発想が出てくる。

ただし、第1部で述べたような回転場ということではなくて、これとは違った力の場である。
　しかも、球体の表面に対して、常にその表面に接線方向に垂直な力となっている。
　この力の発生方向は、これまでの考え方では、解釈できない力である。
　複数個の天体間に働く力ではなくて、単体の天体にも発生している力であると、考え方を変えれば、万有引力がなぜ発生するかを探すやり方が、これまでとは違ってくる。
　宇宙には、そこに存在する物体（天体）があれば、どこからか、その天体に向かって、何らかの力が集中していると、考えることが出来る。
　すると、この集中する力は、潜象エネルギーではないかと気付く。
　実際に、顕象界の天体には、潜象界から絶え間なく、潜象エネルギーが流入している。
　顕象天体の周囲には、潜象エネルギー圏が取り巻いていて、これを含めて、一つの天体と呼ぶべきであると述べた。
　この潜象圏のエネルギーは、顕象天体に流入している。この潜象エネルギーの流入が、万有引力として、観測されていると考えることが出来る。
　このように考えると、万有引力の式

$$F = k \cdot M \cdot m / r^2$$

は書き換えることになる。
　単体の場合の式は、

$$F' = K' \cdot M / r'^2$$

の形になると予想される。

このF'の意味する力は、何かということになるが、これまでの話からいえば、物体（天体）からr'離れた点における、顕象天体に流入する潜象エネルギー流によってもたらされる力ということになる。

また、r'の意味するものは、物体と観測点までの距離である。この式からは、物体Mの近傍では、限りなくF'の値は大きくなる。r'が限りなく0に近いところでは、無限大に近づくことになるが、これはFの式における場合と同じである。だから、何らかの制約を設けることになろう。

また、エネルギー流が力かと少し馴染まないような感じもなくはないが、ごく一般の水流が持つエネルギーや運動量のことを考えると、そう不自然ではない。

一般的に、運動エネルギーの式は、

$$E = mv^2 / 2$$

で表されるが、将来、mに対応する潜象エネルギーとか、その速度とかが、理論上推定できるようになれば、この式を準用することになろう。

いまは、潜象エネルギーを数値化してないので、数学的な表現にはなっていないが、いずれこのK'の値も、色々な実験を経て、確定することが出来るであろう。

なぜかというと、天体が、実際に他の天体と関連なしで、存在しているケースは、見当たらないからである。

ある天体の傍には、大なり小なり、複数個の天体が、存在しているからである。

だが、一つ手がかりがある。それは、地球上における重力の加速度gである。

これを拡張すれば、単体の天体の手掛かりになろう。

もう一つは、万有引力定数というのがある。この2つの定数は、実

測値であるから、潜象界を想定した場合でも、有効であると考えて良い。ただし、後で述べるが、その作用はこれまでの考えとは、違っている。

万有引力には、斥力は存在しないのであろうか？

　第 2 のテーマについては、どのように考えたら良いであろうか？
　これに対して、一般的に言えば、電気にはプラスとマイナスがあり、磁気の場合は、N 極と S 極とがある。地球の場合、位置が少しずれるが、N 極は北極に、また、S 極は南極に対応している。
　ところが、万有引力（重力）の場合は、吸引力のみであって、斥力とか、反発力といった力は観測されていない。なぜであろうか？
　一般的な自然現象では、2 つの極があって、そのエネルギーは、その両者間に流れてゆく。しかし、万有引力の場合は、一方的に、引力（吸引力）のみが存在している。

　光や電磁波の場合を考えると、発振（発光）源はあっても、それを受け取るもう一つの極というのがない。いわば、出しっぱなしである。電気の場合は、プラス極からマイナス極へ、磁束は N 極から S 極へエネルギーがながれているが、光や電波のように波動となると、受け取る側に極を必要としない。
　ポテンシャル的にいえば、発信源よりも低いポテンシャル場があれば、そこへ伝播してゆく。
　電気や磁気と同じように考えれば、顕象界の物体が、もう一方の極、つまり、エネルギーを受け取る極にあたると考えられることになる。
　この考え方を拡張する。地球とか他の惑星、あるいは、恒星などの天球を、万有引力の一方の極と考えてみる。すると、このような天体は、潜象エネルギー流のマイナス極に相当することになる。では、潜象エネ

ルギー流の流出源（プラス極）は、一体どこに存在するのか？という疑問が出てくる。

　宇宙の仕組みを完全に解明していない現在、この答えを得ることは難しい。しかし、顕象界の物体が、潜象エネルギー流のマイナス極であるとすれば、宇宙のある場所に、潜象エネルギー流のプラス極が存在するという考え方になる。いわば、潜象エネルギーの噴き出し口である。

　ただし、これらのマイナス極同志に、斥力が発生するかといえば、そうではない。これらの天体間には、斥力ではなくて、吸引力が働くのである。この吸引力を万有引力と呼んでいる。

　となると、万有引力の場合は、電気や磁気とは、別種の力であることになる。このことは、万有引力がなぜ発生するかという問題がこれまで解けなかった理由である。

　電気の場合も、磁気の場合も、その元を糾せば、潜象エネルギーである。従って、引力とのエネルギー的な関連性が存在するという考え方も、否定できない。

　このあたり、非常に奥深いところに何かが潜んでいるようである。物理学では力の統一理論の研究が盛んであるが、糸口はこのあたりに隠れているかもしれぬ。

　いずれにしても、潜象エネルギーが、磁気の形で現れたり、電気になったりするのと、引力として現れる場合と、どう違うかを探求するのは、大きな命題である。

万有引力（重力）の本質は何か？

　万有引力と重力とは、同じものとされているが、前者は星間に作用する力の場合に使用されることが多い。この力は、２つ以上の物体（天体）

の間に作用する力であり、距離の2乗に反比例し、物体の質量の積に比例する。この時は、万有引力定数を乗じて、計算される。

後者は、巨大質量の物体である地球や、他の天体上における物体の落下の際に現れる、落下速度の割合を示す重力加速度のように、用いられることが多い。

この力は、ニュートンが、リンゴが木の枝から地上に落下するのを見て、重力を発見したというエピソードで有名である。

また、ケプラーが、惑星の公転運動からケプラーの法則と呼ばれる惑星の運動法則を発見している。これに関する万有引力定数はキャベンディシュが、捻れ秤を用いて、1kgの球2個を、1m離した状態で、相互間に働く力を測定して、定数を求めることが出来た。

このような経過を経て、いまでは、宇宙探査機が幾つも宇宙の中を飛び、色々なデータを採取している。

しかし、万有引力が、なぜ発生するのか、その原因については、まったく手がつけられていないのである。

筆者は潜象物理学の立場から、この問題を解明してゆくことにする。

この意味は、万有引力（重力）は、顕象物体に現れている力の場であるが、その背後には、潜象界が潜んでいて、そこに発生している力の場であると、考えるからである。

天体の回転（自転）には、2種類あって、一つは、その天体自体が、その天体（顕象天体）と、潜象天体との相互作用による自転であり、もう一つは、この天体を包んでいる潜象圏の回転があることを、第1部で述べた。

このことは、天体の回転は、顕象天体を包含する潜象界のエネルギーに、支えられていることになる。

つまり、顕象天体の運動の基になるエネルギーは、、潜象界から供給

第2部　万有引力（重力）は、何故発生するのか？

される潜象エネルギーに依ることになる。

　この万有引力と重力という表現は、同じことなのであるが、とりあえず、重力という言葉で表される現象から話を始めることにする。
　まず、重力の加速度 $9.8m/s^2$ という数値がある。
　この数値は地球の赤道上における物体の落下速度を計算するときに用いられる定数である。
　また、重力は地面に対して、垂直方向に発生する力である。これは、地球表面の接線に対して、垂直方向の力の場であることになる。

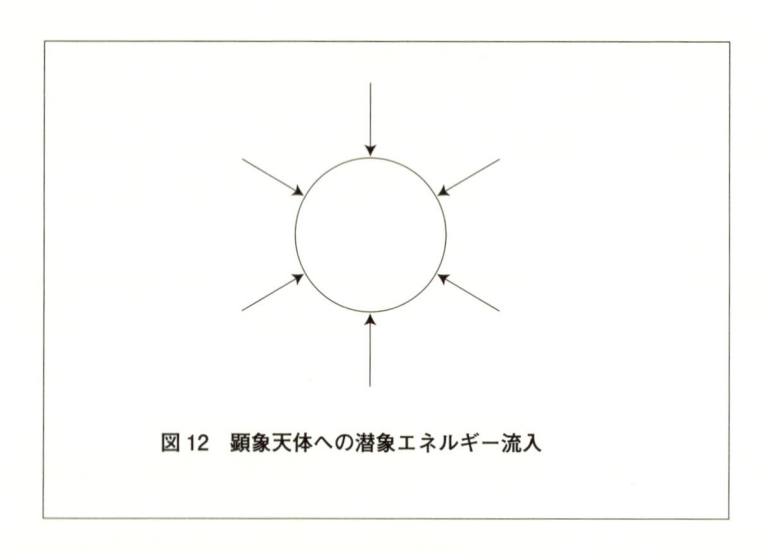

図12　顕象天体への潜象エネルギー流入

　このことは、顕象天体を包む潜象界の回転とは、別種の力であることを示している。
　なぜならば、回転方向は、一つであるが、重力は、図に示すように、球面のあらゆる方向の接線に対して、常に垂直方向に発生している力だからである。
　また、月のように、自転していない天体に於いても、その天体の質量

に応じた重力が発生している。

　これらの現象を勘案すると、重力現象を発生させるエネルギーは、回転を発生させるエネルギーとは、別種のものであろうと考えられる。

　その理由であるが、もし、回転に伴って、発生する力の場であれば、回転もしない天体には、重力は発生しないことになる。

　しかし、現実には、数値は地球よりも小さいが、月の表面にも重力場が発生している。その力は、地球上で、潮汐作用として観測されている。

　このようなことから、次のような推論が考えられる。

「重力とは、天体（顕象天体）を包む潜象界からその天体に降り注ぐ潜象エネルギーである。この降り注ぐエネルギーは、潜象界から顕象天体表面に、鉛直に流入するエネルギーである。

　このエネルギー流によって、物体は、顕象天体表面に落下する。その落下速度の割合（加速度）が重力加速度として、観測されるということになる。また、流入エネルギーの量は、顕象天体の質量に比例する。つまり、大きな質量の顕象天体には、より多くの潜象エネルギーが流入し、それが重力加速度が大きいと観測されるのである」

　これが重力の本質である。

　これから考えられることは、一つの天体（顕象天体）が存続するには、周辺の潜象エネルギーの流入があって、始めて、成り立っていると言えるのである。

　この顕象天体に流入した潜象エネルギーは、その中心部にまで到達すると考えられる。このように考えると、流入したエネルギーは、圧力として観測されるだろうし、また、その結果、熱に変換される可能性も秘めている。

　なお、物理学で用いる公式　$F=m\cdot a$　$E=mv^2/2$　は、潜象エネルギー場でも、準用されるものと考える。

この潜象エネルギーは、顕象エネルギー場と共存していることは、前に述べたとおりである。

　重力場が潜象エネルギー場であるとすれば、潜象エネルギーが顕象エネルギーとして、現出する場であることになる。
　このエネルギー場を私達は、運動エネルギーと呼んでいる。
　この意味は、物体が運動する場合のエネルギーは、物体の質量と、その速度に関係していることを示している。また、上空から地上に落下する物体の場合は、ポテンシャルエネルギーを有していると考える。
　このエネルギーの最もポピュラーなのが、水力発電に用いるダムである。ダムに蓄えられた水を落下させることにより、発電機を回転させて、電力（電気エネルギー）を得ている。
　言い換えると、重力場というのは、天体に絶えず潜象エネルギーが流入しており、それによって、顕象エネルギー場は、支えられていることになる。

　ここで、重力そのものが、潜象エネルギー場の力であることを考えると、不思議ではなく、逆に、関連するのが当然であると思えるのである。
　ではどういう形で、潜象エネルギーがこのように、顕象界に流入するのであろうか？
　前に述べたように、惑星（顕象エネルギー体）の周りを囲んでいる潜象エネルギー圏がある。
　この潜象エネルギー圏は、核になっている惑星の回転に伴って、大きく回転している。且つ、回転しながら、顕象核に向かって、潜象エネルギーが流入しているのである。
　回転体表面にほぼ直角方向に、顕象核に向かっている力となって、観測されている。これが重力と呼ばれている力である。
　もう一つの磁気であるが、これは、N極とS極の2極があり、同じ

ように、潜象エネルギーが、流入しているが、この２極は、必ずしも、惑星の回転軸と同じではない。
　また、火星のように、地磁気が殆ど無い惑星でも、重力は存在するのであるから、この２つの潜象エネルギーは、同じ種類のものとは言いきれない。
　同じ惑星でも、内惑星の場合は、自転がない。自転がなくても、重力は存在するし、地磁気も発生していることを考えれば、それぞれ別の潜象エネルギーと言うことになる。

　これまで、地球人の観測結果では、万有引力とは、物体（天体）がお互いに引き合う力のみが、発見されている。
　電磁力のような極性は、万有引力には存在しないのであろうか？
　これまでとは見方を変えて、万有引力の基になるのは、潜象エネルギーが顕象物体（天体）に向かって、流入する流れという風に考えてみる。
　一つの天体を採ってみた場合、その天体、及び、その近傍での重力を考えると、潜象界からのエネルギーの流入が、その天体に発生している重力であると、考えることが出来る。このことを電磁力と比較してみると、観測にはかかっていないが、潜象圏のプラス極（あるいはＳ極）から、顕象天体へのエネルギーの流入とみて、顕象天体をマイナス極（あるいはＮ極）とみなす考え方をすることが出来る。

　ここまでは、一応、理論的におかしくはないが、では、２物体間（天体）でみたらどうであろうか？
　引力とは、複数の物体（天体）が、引き合う力であるということであるから、電磁力と比較して、どう解釈すれば良いであろうか。
　上記のような発想をすれば、宇宙に存在する顕象物体（天体）は、いずれもマイナス極ということになる。
　電磁気の世界では、同種極というのは、互いに反発し合う斥力が発生

第2部　万有引力（重力）は、何故発生するのか？

するのであって、引き合う力（吸引力）ではない。万有引力だけが、同種極なのに、引き合う力になるのか、まったく説明がつかない。

万有引力の場合は、同種極であっても、これにはかかわりなく、物体（天体）が存在すれば、両者間に引き合う力がが発生すると、決めてしまえばそれまでであるが、今ひとつしっくりしないのである。

ここで万有引力が発生する2つの天体（顕象天体）を考えてみる。そしてその回りに、それぞれ、潜象圏を持っている。

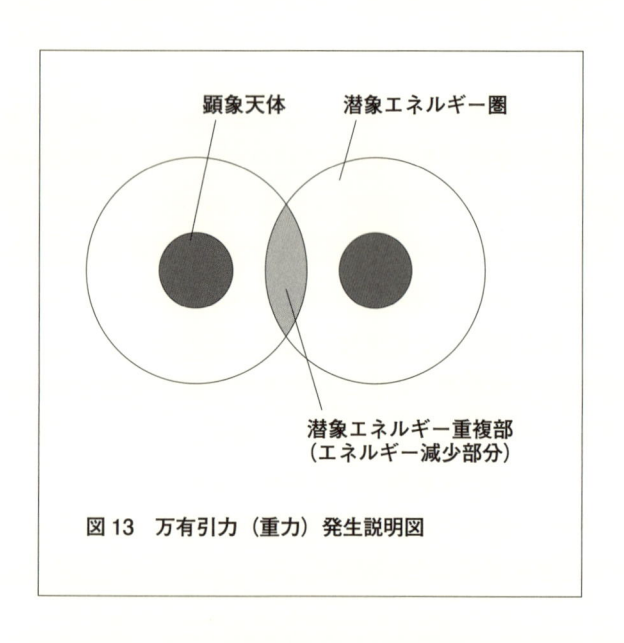

図13　万有引力（重力）発生説明図

図において、Cの領域では、Aの潜象エネルギーと、Bの潜象エネルギーが、重なり合っている。この領域では、Bの潜象エネルギーは、Aの潜象エネルギーによって、Aの方へ引き寄せられる力を受ける。

一方、同じように考えると、Aの潜象エネルギーは、Bの潜象エネルギーによって、Bの顕象核の方へ引き寄せられる力を受ける。

このAとBの潜象エネルギーは、方向が逆方向なので、相殺されることになる。

つまり、この領域では、A、B それぞれの潜象エネルギー領域よりも、引き寄せる力が弱まることになる。このような状態であれば、C の領域内の力の場は、A,B の他の領域よりも、弱くなる。
　その結果、A,B 領域からの力に押されることになり、A の顕象核と、B の顕象核とは、近寄ることになる。
　これが万有引力が発生する理由であると、いうことが出来る。いってみれば、それぞれの潜象圏が持つ、潜象エネルギーの相互干渉による現象とも言える。
　現象的には、A,B 両者が万有引力によって、互いに、引き合っていると、見えるのであるが、実は、そうではなくて、A、B それぞれの潜象エネルギーによって、C の領域の力の場が小さくなり、外から押されて、近寄るという現象なのである。
　だから、正確な表現をすれば、A、B 両者は、外部から押されて、近寄った状態なのである。
　見かけ上は、引っ張り合って近寄っても、外から押されて近寄っても、現象自体は、同じように見える。しかし、その中味はこのようなことである。
　この現象とまったく同じではないが、多少似た現象がある。流体力学で取り扱う問題であるが、海上で、船が 2 隻、狭い間隔で同じ方向に進んでいるとき、この両者間には、クエットフローという現象が発生して、2 隻の船を互いに接近させようとする、力の場が発生する。いくら外側に離れようとして舵を外側に切っても、なかなかこの接近しようとする力に抗しきれないという。一方の船が小さい場合、大きい方の船に衝突してしまうという。この現象はレイノルズ数の大きさによって変化する点、電気の場合にも似ているので、もう少し検討すると、面白い現象を発見することが出来よう。

第2部　万有引力（重力）は、何故発生するのか？

重力場には、どうして、斥力は発生しないのであろうか？

　前節のクエットフローの続きであるが、もし、船の進行方向が互いに逆の場合はどうであろうか？

　おそらく、両船間には、渦が発生すると予想される。渦が発生すると様子は一変するはずである。おそらく両船間に斥力が働くことが予想される。このあたりも、つっこんで考えると、興味ある結果が、得られるのではななかろうか

　この現象を潜象界のエネルギー状態に対応して考えると、次のようになる。

　潜象界で、斥力を発生させるには、2つの天体間に渦巻きが多数発生するような状態を創れば良いことになる。具体的な話は実験によって明確にされるであろう。

　宇宙にその事例があるかどうかは分からないが、互いに逆回転する天体が、近寄ったときは、この両者間には、反発力（斥力）が発生することになる。

　潜象エネルギー場というコンセプトを使えば、このような考え方が出来る。

　従って、電磁力などと違って、万有引力には、斥力は存在しないという理由がはっきりしてくる。

　ただし、流体力学では、レイノルズ数の条件によっては、斥力が発生することがある。

　これは電磁気学の場合も、同じことである

　一つの考え方として、万有引力の場合、このことを取り入れると、発想が上記とは異なる話になるが、ここでは取り上げない。

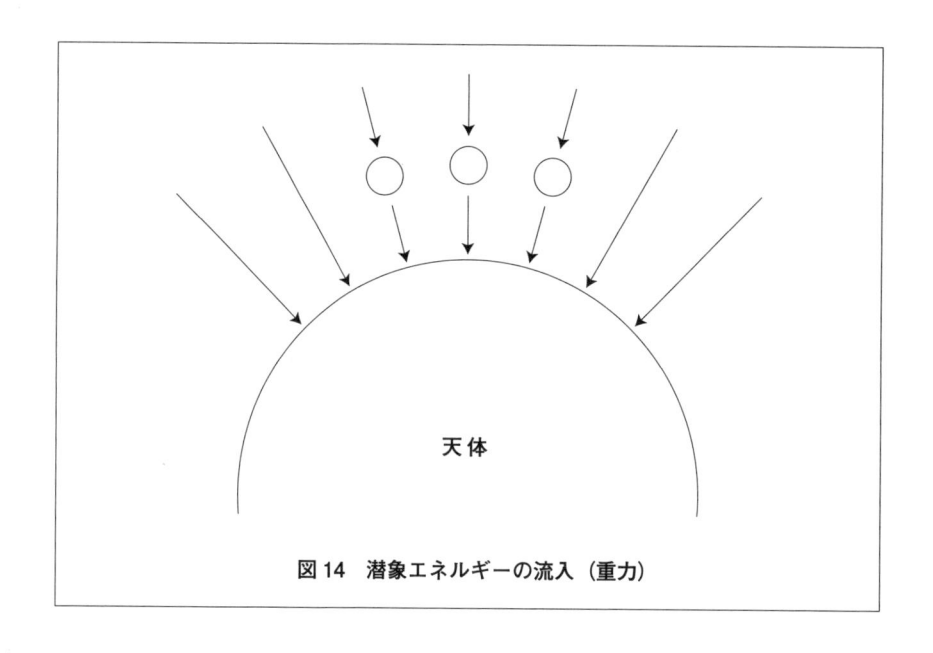

図14　潜象エネルギーの流入（重力）

　地球上における重力というのは、図のように、巨大な潜象エネルギー圏内に、微小な物体が存在し、それの周りの潜象エネルギー圏は、巨大な潜象エネルギー流（矢印）に、全体が包まれているので、矢印の潜象エネルギー流の動きに左右されて、地上に落下するのである。私達は、これを地球重力による落下と呼んでいる。

　この状態をスケールアップしてみると、太陽系惑星の状態と似たような形になる。太陽の潜象エネルギー圏は、巨大であり、その中の惑星の動きは、地球上における物体の落下現象のようなことになる。太陽が惑星に及ぼす引力・太陽潜象エネルギー流の影響ということになる。

　本質的には、太陽潜象エネルギー流に押されているのであるが、現象的には、顕象太陽に引っ張られているように、観測されていることになる。

第2部　万有引力（重力）は、何故発生するのか？

　以上が、万有引力の発生原理であるが、こういう場では、斥力（反発力）を発生させることは出来ないのであろうか？

　考え方としては、斥力を発生させるには、一つの場に流入する潜象エネルギーを、局部的に増加させることが出来れば良い。すると、見かけ上の斥力を発生させることが可能ということになる。

　一般相対性理論で導入されている宇宙項が示しているという、宇宙の斥力について、少し考えてみる。
　自然の力の中で、重力に引き寄せる力があっても、斥力がないというのは、いかにも不自然である。どこかに斥力を示す現象があるのではないかと、懸案であった。これに対して、宇宙が膨張するのに際し、加速しながら膨張しているという事実が観測されているという。この事が一度は否定された前述の宇宙項を復活させた。
　だが、この話は、宇宙が持つ引く力に対するもう一つの力、斥力であるとは、一寸、受け取りがたいのである。
　引く力が普遍的なものであるならば、斥力も普遍的な状態で、発見されるべきであると思われる。

　では、普遍的な力としての斥力が、どこかに潜んでいるのであろうか？
　数学的な意味合いから、このような条件に合う現象を、一様な流の中に発生する渦に関連しているかを、探してみる。
　このような渦には、渦の面に鉛直な方向に、垂直力が発生する。この垂直力は、渦の方向が変われば、理論的には、プラスがマイナスに変動する。
　この現象を利用して、地球上で、斥力を発生させることが、出来るであろうか？

148

このような潜象エネルギー場で、斥力を発生させるのは、一見、不可能のように思える。
　しかしその可能性がないわけではない。前に述べたベクトルの回転場の話である。
　流体のベクトル場の回転を思い出していただきたい。
　ベクトル場の回転の場合、回転面に垂直な方向に、力の場が発生する。一般的には、垂直力と呼んでいる。
　この垂直力は、水流や、空気流など、顕象体の流れの場合だけでなく、電磁場にも発生する。
　普通の回転型モーターでは、この力は、特に注目されてはいなかったが、リニア・モーターが開発された時点で、注目されるようになった。なぜかというと、この力は、推進力と直角の方向に、発生する力だからである。このモーターを使う場合、システムの構成上、幾分迷惑な力だからである。特に浮上型電車の場合、この力が働くと、見かけ上の重量が増加したのと同じ影響を与えることになる。重量が増えれば、推進力を増やさなければならない。推力が最大になる付近で、この垂直力は吸引力として働き、その大きさが最大となる。
　また、この力は、スリップスピードの状態によって、プラスになったり、マイナスになったりする。このあたり、一般の流体の場合のマグヌス効果に似ている。
　この垂直力を重力の基と考えると、どういうことになるであろうか？
　流体の回転面に対して、垂直な力であるから、天体のように球形の場合は、どうであろうか？
　しかし、人工重力場を創設する場合は、有力な考え方である。また、スリップスピードによっては、吸引力ではなくて、反発力になるので、うまく利用すれば、飛翔体にとっては、応用が利きそうである。

地球に流入する潜象エネルギーと自転に関与する潜象地球との違いについて

　顕象地球に流入する潜象エネルギーは、重力を発生させる潜象エネルギーであるが、地球の自転をもたらす潜象エネルギーとどう違うか、について考えてみる。
　重力を発生している潜象エネルギーは、水星や金星、あるいは月の周りにある潜象エネルギーと、同じようなものと考えられる。
　これに対して、自転に関与している潜象エネルギーは、別の潜象エネルギーであることは前に述べた。これは潜象界に存在する眼には視えないもう一つの地球である。

　このもう一つの地球である潜象地球と、顕象地球を取り巻いている潜象エネルギーとは、同質のものであるのか、あるいは別のもの、言い換えると、より高次の潜象エネルギーなのであろうか？
　これまで、この3次元空間は、幾重にも潜象エネルギーが重なった、超多重空間であることを述べた。ここではその取りかかりが現れるのである。
　潜象地球と、顕象地球の周りの潜象エネルギーとは、明らかに違っていると、考えるべきである。
　地球だけでなく、他の惑星や、衛星、あるいは太陽のような恒星を囲んでいる潜象エネルギーは、同質であると考えられる。
　将来、太陽などの恒星を囲んでいる潜象圏は、更に高次のエネルギー場と、考えることになるかも知れないが、ここでは、同じレベルの潜象圏と考えることにする。
　ここでは、2つの潜象エネルギーを考える。一つは、重力をもたらす

潜象エネルギーであり、もう一つは、自転をもたらす潜象エネルギーである。

　潜象地球を形成している潜象エネルギーの方が、高次の潜象場であると考えるのが、良いと思われる。

　ここで、自転の基になっている潜象地球のことを、少し考えてみる。
　この顕象界では、何も視えない天体のことを探るのは、かなり難しい。現時点では、推測でしかないが、一応、書き出してみる。
　形状が判らないので、地球潜象核（以下単に潜象核と称する）または、潜象圏という名称を用いることにする。この潜象核（潜象圏）は、一つ上の次元のエネルギーゾーンより、一つ下のエネルギー圏に噴き出した、（あるいは、湧き出した）エネルギー体であるとする。
　エネルギー体であるから、顕象界的な大きさ（容積）も、質量もないものである。
　私は相対性理論を否定してきた者であるから、この理論を引用するのは好まないが、現代物理と対照して言えば、次のようなことであろう。
　エネルギーの式　$E=mc^2$　は、顕象界の物質をエネルギーに換算するときに用いられる。
　いま現在、潜象エネルギーを、顕象エネルギーに対応させて、数値で換算することは出来ていないが、エネルギーとして、捉えていることは間違いない。
　将来は、エネルギー量の形で対応させることが出来よう。

　このような前提で考えるとき、顕象地球のエネルギーを　E_{er}、潜象地球のエネルギーを　E_{eh}　で表した場合、　$E_{er}=k \cdot E_{eh}$　であると仮定する。
　この意味は、顕象地球のエネルギーと、潜象地球のエネルギーが、同等のものであるという意味である。

この同等のエネルギーを持つ惑星が、お互いに、回り合っていて、それが自転であると、考えるのである。いわゆる双子星と同じ考え方である。

このように、エネルギーの式で比べてみると、潜象エネルギーも、顕象エネルギーと同じことになるのであるが、顕象エネルギーの1グラムが、潜象エネルギーのいくらに相当するかの推定は、今のところ出来ていない。

もう一つの難問は、$E=mc^2$ で表される顕象エネルギーのcの値である。前に述べたように、潜象界の光の速さは、超光速であるから、cの値と比較できないことである。

この超光速の潜象光は、cと違って、色々な値を採ることになる。cの場合のように、一定ではない。それぞれの潜象エネルギーゾーンによって、異なるのである。

いま、ここで言えることは、顕象エネルギーと比べることが出来る潜象エネルギーの量で考えることが、出来るということである。

ところで、アインシュタインが、どのような経緯で、エネルギーの式を考え出されたかを推測してみる。

運動エネルギーの式　$E=mv^2/2$ で、$v^2/2$ の代わりに c^2 を入れると、エネルギーの式になる。

おそらく、この式から、エネルギーの式を展開されたのではないかと推測されるのである。

つまり、物体の速度を増して、極限の速度が光速度に達したとき、その物質の持つエネルギーの総量であると、決めたのであろう。

ここには、光速度cが、究極の速度であるという認識があったものと思われる。どの物理学の本にも、このような記述は見当たらないので、他の物理学者の考え方は判らないが、私はこのように推察した。

物理学上の重力子と重力波

『重力』(ジャヤント・ナーリカー著、中村孔一訳、日経サイエンス社)によれば、重力波の放射にについて、電荷が振動することにより、電波が発生し、それが四方に伝わっていくのと同じように、重力子の振動が、重力波を放射することになる。

電波の放射実験は、簡単であるが、重力子から重力波を発生させる実験は出来ないと述べてある。

その例として、1Wの重力波を放射するには、長さ20メートル、半径1メートル、質量4.5トンの円柱を、4.5回/秒回転させるとして、この100万倍の100万倍の、100万倍の100万倍の、100万倍の、100万倍だけ、用意しないと、出来ないという話になっている。

つまり、実験室で重力波を発生させることは不可能に近いという話である。

しかし、連星パルサーから、送られる重力波を検出して、重力波の存在を確認しているという。

これの意味するところは、質量の大きなものが回転することによって、振動が発生し、それが重力波として、放射されるということになる。この例から推測すると、どうなるかを試算してみる。

4.5回/秒を周波数としてみると、4.5HZに当たる。これの10^{42}となると、とてつもない振動数になる。材料の長さ20メートルが回転するので、波長は20メートルであろう。この波長は、電波でいえば、HFの領域である。

また、振動数をみれば、可視光線の振動数が10^{14}/秒クラスであり、ガンマー線が10^{22}/秒クラスであることと比較すると、如何に大きな数値であるかが判る。

実際、宇宙に存在する恒星の場合の振動数を測定、あるいは推測する

のは、相当に困難であろう。

　巨大質量である恒星の自転や公転に伴って発生する波動が、重力波と称されるものであるから、そのような巨大天体の回転によって放射される波動が、重力波であると考えれば、一向に構わないのである。

　しかし、対象を日常私達の身辺、あるいは、太陽系などに限って考えた場合、これらの運動を規制している万有引力（重力）と、どう関わっているかというと、まったく、別の話である。

　重力子とか重力波というのは、言葉は似ているが、ここで追求している万有引力（重力）とは、関わりのない話なのである。

　また、『現代天文学小辞典』（講談社）には、白色矮星の主星の半径が、大きくなるためには、連星の公転によって、重力波が、放射されることにより、２つの星の間隔が、縮まった為であるとしている。

　更に、連星パルサーにおいて、公転周期の現象や、他のパラメータの変化は、一般相対性理論や、特にその重力波放射の理論から、予言されるとおりになっているとある。

　このように、一般相対性理論では、重力振動も電磁波のように、光速で伝播する。これを重力波といっている。

　このように考えていくと、重力波は光速と同じ速度を持つというのは少し変である。波長と振動数の積は、速度になるから、重力波は超光速という結果になる。

　重力波は、重力崩壊する天体や、近接２連星系などから、放出されていると、説明されている。

　これらが重力子とか、重力波についての、現代物理学の一般的な考え方である。

　さて、このような説明で、皆さんは納得されるであろうか？

　ここでいう重力子とか、重力波というのは、重力とはあまり関連のな

い話なのである。
　私達の周辺には、重力現象は数え切れないほど沢山ある。端的にいえば、宇宙に存在するあらゆる天体、物質というのは、基本的に、重力（万有引力）によって、支えられているのである。
　滅多にしか観測されない重力子とか、重力波などではないのである。
　重力というのは、普遍的に、宇宙に存在している力そのものなのである。
　パルサーから放射された重力子（重力波）を検出した実験が、間違っているというのではない。それはそれで、相対性理論で述べてある論理による現象を、観測で確かめたということである。しかし、このような重力子や重力波を、いくら研究しても、重力とは何か、万有引力とは何かの答えには、ならないと思うのである。

　重力が宇宙に普遍的に存在しているという認識は、ニュートンの時代から、誰しも持っている感覚である。
　しかし、残念ながら、物理学は、なぜ、重力が発生するかについての追求をやっていない。
　宇宙の現象的な観測は、格段に進歩して、何百光年も先にある恒星のデータまでも、入手できるようになってきた。
　しかし、宇宙の本質についての探究は、残念ながら、なかなか進んでいない。
　その原因は、宇宙は真空であるという誤った認識の修正が、出来ていないことにある。
　そして、さらには、相対性理論の４次元時空という誤った考えを適用した為である。
　宇宙は真空ではなくて、幾層にも重なり合った潜象エネルギー空間であるということを認識すれば、これまでとは違って新しい物理学が始まるのである。

すると、何もない真空の宇宙から、どうしてエネルギーが生まれるのか？　なぜ力の場が存在するのかというような、疑問の答えが見つかるはずである。
　重力子や、重力波のことを考えなくても、私達の周囲には、幾つも重力現象は存在しているのであるから、「それはなぜ？」と、探求してゆけば答えに辿り着くのである。

潜象エネルギーの流入

粒子と波動

　光の粒子は、波動に変化して宇宙を伝播してゆく。電子の振動も、同じように、アンテナから波動となって伝わって行く。いわゆる電波である。
　音は、音源の振動（固体の振動）が音波となって、空気やその他の媒体の中を伝わって行く。
　例えば、バイオリンの弦の振動がそのまま音波となって、空中を伝わって行く。
　うるさくいえば、音の振動にも、その元には音の粒子があって、振動していると考えてみたいが、音の粒子という話は出てこない。
　また、物理学では、光の波動は横波で、音波は縦波であり、粗密波であるとされている。
　光と違って、音波の場合は、空気中での速度が格段に小さいので、高速で飛行するジェット機では、音速を超えた速度になる。
　通常、マッハ1.5とか、2.0と呼ぶ速度である。この音速を超える点では、音の壁が出来て、この壁を通過するとき、衝撃音が発生する。この衝撃音が発生する速度では、音の衝撃波が発生しているのが分かる。

衝撃音を発生するが、航空機は超音速の領域を、飛行することが出来る。この領域では、亜音速の領域とは違った空間が待っている。同じ空間であるはずだが、別の空間が共存していて、航空機はその中を超音速で飛行する。

この空間を飛行するとき、上下の舵の効きが亜音速の空間とは逆の働きになる。航空機を上昇させるためには、操縦桿を引き上げるのではなくて、押し下げるように操縦しなければならない。このことが判らないとき、超音速機は何度も墜落している。

このことは、別の空間が共存していることを意味している。

光波の場合は、光速を超えることはないとしているので、このようなことは考えていない。

アインシュタインは、この光速を超える速度は存在しないとして、超光速の話には何も言及していない。その先はブラックホールに繋がる話となっている。

現代の物理学は、ここで行き止まりなのである。

潜象物理学を導入した場合、どうなるかというと、光速の壁を超えたところに、超光速の領域が存在している。

この領域では、通常であれば、光は見えなくなることになる。ところが、場合によっては、その一部が見えることがある。私が潜象光と呼ぶ領域である。肉眼では普通視えないが、霊山の周辺などでは、瞼を閉じたとき、光が飛び交っているのが視えるのである。

この潜象光は、超光速の光である。このあたりの詳しい話は、前に述べたとおりである。このように、光波の場合も、光速を超える速度が存在するのである。

では、重力の場合はどうであろうか？

前に述べたように、重力子や、重力波の話ではなくて、通常、私達が感じている万有引力（重力）の話である。

第2部　万有引力（重力）は、何故発生するのか？

　重力波の場合は、光と同じように、質量がゼロで、且つ、光速と同じ速度を有しているとされている。
　万有引力（重力）の場合、いま現在、その速度云々については、光速と同じであるとはいいきれない。
　万有引力の発生原理のところで述べたように、万有引力とは、顕象界の力の場ではなくて、潜象エネルギーの場であるからである。
　顕象界の天体が、潜象エネルギーによって、引き寄せられている（実際には押されている）現象だからである。
　2天体間の潜象エネルギー場が重複している領域では、見かけ上、その力が減少して、その結果、2つの天体が引き寄せられているというのが実態なのである。
　従って、万有引力とは、潜象エネルギーの流入にによる力の場ということになる。
　物理学でいう重力波とは違った見方となるのである。
　このような考えを進めてゆくと、重力の速度とは、どういうものかという問題に直面する。天体に重力が存在し、それぞれ天体の質量に応じて、重力加速度が計算されている。地球上では、その値が　9.8m/s/sである。
　重力加速度を積分すれば、計算上、速度になる。だが、重力子から派生した重力波の速度が、光速と同じという量子力学の話を参考にしてみると、何となく、首を傾げたくなるのである。

　重力波ではなくて、重力そのものの速度を考えてみる。
　前に述べたように、重力そのものが潜象エネルギーであり、万有引力と呼ばれる力は、2天体間の潜象エネルギーの領域で、エネルギーが相殺されることによって、発生する力であるとすれば、仮に、重力の速度を考える際、光速を対象とする必要はない。
　なぜかといえば、潜象界での光の速度は、いわゆる光速を超えるから

である。また、潜象エネルギーそのものであるから、光速には拘束されない。
　このように考えてゆけば、万有引力の速度というものは、光速を超える場合があっても、不思議ではない。

　面白い発想がある。
　まったく同じ質量の天体があり、お互いに近づいているとする。両者間の距離が縮まれば縮まる程、近づく速度は大きくなり、最終的には、衝突してしまうという現象が、発生する可能性がある。
　万有引力の式からは、両者間の距離が小さくなればなる程、引力は大きくなるから、当然考えられる事柄である。
　天体観測からは、2重星で、伴星が主星に引き寄せられて、衝突することがあるといわれている。
　常にこのようなことになるのであろうか？
　超光速であっても、それぞれの潜象エネルギーのレベルには、一つの限界があって、そこには、音速の場合の衝撃波のようなバリヤーが存在し、衝突に至る前に、そのバリヤーに阻まれるかも知れないという話である。
　音速の場合は、衝撃波のバリヤーを突き抜けて、超音速の領域に入ることが可能である。ただし、このバリヤーを抜けるには、大きなエネルギーを必要とする。
　光速の場合、光はこの速度を超えられなくて、これ以上の速度にはなれないというのが、相対性理論の結果である。
　私は、超光速の世界を想定して、超光速の領域があることを示した。
　万有引力の場合、これと似た現象が発生する可能性があるであろうか？
　いってみれば、超重力の世界である。
潜象エネルギーの場である以上、その可能性があると考えている。

第2部　万有引力（重力）は、何故発生するのか？

　もっとも、一つの星の表面でみられる重力の場合は、常に星の表面に、物体が落下し、衝突するので、このことは考えなくても良い。

　さて、ここで一つ問題が起きてくる。
　現代物理学で、重力子や、重力波が想定されている。
　これと違って、通常の重力の場合は、どのように考えればよいであろうか？
　重力（万有引力）とは、何かという原点に返って考えてみる。
　これは、地球とか月といった顕象核の周りを覆っていて、顕象核に向かって流入する潜象エネルギーである。この重力エネルギー（潜象エネルギー）は、波動であろうか？
　水とか空気の場合、中味は何かというと、粒子である。これらが波動に変化して、液体になっているわけではない。音というのは、波動であるから、固体の振動が、音波に変化している。
　ここのところが、光粒子が波動に変化したり、電子が電波に変化して、宇宙の中に伝わって行くのとは幾分、異なるのではないかと思われる。
　一つの考え方として、潜象エネルギーは、素粒子よりも、もっともっと、微細な粒子であると考えてみる。ただし、波動といっても、粗密波である。
　すると、現代の量子論の先に、更にもっと小さな粒子が、潜象界に存在していることになる。こうなれば、量子論の延長線上にある潜象エネルギーの粒子が、存在することになってくる。
　このように考えれば、この粒子は、伝播する前に波動に変化して、宇宙空間に伝わって行くであろうと、考えてみることも出来る。
　または潜象粒子のままで伝播するのであろうか？　光の場合は、粒子性と波動性とを、同時に保持していることになっている。
　顕象物質（水や空気）の場合は、波動にならなくても、エネルギーの移動は出来る。

このように考えてゆくと、潜象エネルギーは、そのどちらであろうか？波動ということになれば、その波長は？振動数は？伝播速度は？と、次々に考えねばならないことが出てくる。
　残念ながら、今のところ、潜象エネルギーとしての、重力の諸元の持ち合わせがない。万有引力の元が粒子であっても、波動であっても、その力が及ぶ範囲で、その領域で潜象エネルギー流が、見かけ上減少すると考えられる。
　この場合、粒子性を考えるよりも、波動性を考える方が、お互いの力が相殺されるという現象の説明としては、分かりやすい。
　ただし、光や電波の場合のように、波動の元はといえば、粒子の振動であると考えるのが、自然であろう。

　２天体間に働く万有引力は、前に述べたように、お互いにそれぞれ発生した垂直力が、干渉して、相殺されたものとみられる。
　このことによって、２天体間に存在する力が、見かけ上、相殺されて、小さくなり、その結果、２つの天体が引き合っているように視えるのが、万有引力である。

　地球表面には、常に潜象エネルギーが降り注いである。だから、ニュートンのリンゴも落下した。では、樹間になっているリンゴ相互間にも、重力は働いているのかといえば、捻れ秤の実験が結果を示していることになる。
　ただし、その解釈はすこし違ってくるのである。
　宇宙空間に存在する星達の間に働く引力と同じように、複数の物体間に流入する潜象エネルギーが、相殺されて、恰も、お互い引き合っているように見えるが、実際には、周辺から押されて、近づいているのであると、いうことになる。
　この考え方で行くと、地球上にある、ありとあらゆる物体には、常に

潜象エネルギーの流入があることになる。

顕象太陽と潜象太陽

　私達が知っている太陽には、眼に視えないもう一つの太陽（潜象太陽）が存在することを前に述べた。
　この２つの太陽は、どういう関係にあるかについて考えてみる。
　最もベイシックな考え方は、潜象太陽は顕象太陽よりも、高次の存在であるということである。高次の潜象エネルギー場である潜象太陽は、大量の潜象エネルギーを、顕象太陽に対して、放出しているものと考えられる。
　それを受けて、顕象太陽は顕象界の活動を行っているのである。
　潜象太陽は、力の場（万有引力）を形成しているだけでなく、顕象太陽そのものにも、多くのエネルギーを供与しているのである。
　このエネルギーは、潜象界のものであるので、現代の物理学では、測定するツールがない。唯一、検出しているというか、天体の運動から、力の場が存在するという推定が出来るにとどまっている。

　ここのところで、第１部で述べた潜象太陽の存在についての記述を思い出してみる。
　前は、太陽系の構成について、潜象太陽がF1に、潜象太陽がF2に存在して、この両者から、各惑星に対して万有引力を及ぼしていると考えていた。
　そして両者間の間隔は変わらないと考えていた。
　このあたりをもう少し詳しく調べてみる。
　ここでは、顕象太陽と潜象太陽とは、２つの焦点を介して、互いに回り合っているという考え方を示した。

このことは、F1,F2を介して、回り合っているとすれば、両者の間隔は変動することになる。前の考え方よりも、すこし複雑な動きになる。
　しかも、以前考えた焦点間距離と違ってくることになる。このあたりの整理が必要になる。例えば、水星の公転軌道が、変動しているとすれば、ここで述べていることの正当性が認められる。
　恒星の双子星が、互いに楕円軌道を描いて、回り合っているという天文学の観測を、参考にすると、顕象太陽と潜象太陽とは、両者の焦点を介して、互いに回り合っていると、考えた方が正しいことになる。

場の量子論（統一理論）について

　現代物理学の一般的な流れというのは、原子核と電子という原子構成を更に分解して、素粒子の世界を探求するようになってきた。
　この素粒子は、クオークとレプトンという基本粒子から出来ている。それらの間に働いている基本的な力は、3つとされている。それらは、電磁的な力、弱い力、そして、強い力である。
　この3つの力と重力を併せて、4つの力を統一した一つの理論にまとめようとする考え方である。
　重力場を量子化すると、重力子（グラビトン）という素子が出てくる。これは光子と同じく、真空中を光速度で伝わると考えられている。
　さて、この重力子と物質の相互作用というものを、式に書いてみると、その結合定数は、ニュートンの万有引力定数で、矢張り、cやhと組み合わせると、フェルミ結合定数と同様に、長さの二乗の次元を持つ、云々、と、説明されている。
　ところで、重力を媒介する粒子である重力子は、質量がゼロである。また、場の粒子の質量が、ゼロなのは、ゲージ理論の直接の結果であることが知られているという。

第2部　万有引力（重力）は、何故発生するのか？

　近代物理の主流である量子力学は、いわば、ミクロの物質の世界を追求している学問である。つまり、物質を細分化してゆくというやり方で、物質とは何かを解明しようというやり方である。このやり方で物質の構成に関しては、成果を上げている。

　場とは何かを論じようとするとき、このようなやり方が適当であるかどうかを、考えてみる。
　それは量子力学を基本として、場に外力を与えると、場が時間的に変化する。この時間的変化を記述するのが、場の量子論であるという。この考え方をするとき、特殊相対性理論が用いられる。
　これとは別の見方をしてみる。ミクロな見方ではなくて、マクロな見方である。
　潜象物理学では、アインシュタインの4次元論を否定する立場をとっているので、場の量子理論とは、相反する理論である。
　ただし、強いていえば、この4次元時空論は、単に、顕象空間における空間の移動、あるいは、現象の変化という点に於いてのみ、潜象物理学とは対立しない。なぜかといえば、潜象物理学では、その中に、潜象空間だけでなく、顕象空間も含んでいるからである。前にも述べたが、特殊相対性理論の中の4次元時空は、X、Y、Zの3次元空間（顕象空間）の時間的移動状態とでもいうべきものであって、それ以上のものではないという考え方である。
　また、量子論の中では、光子の質量をゼロと規定している。
　光を照射すると、電子が飛び出すという光電子効果は、よく知られた現象である。光は質量を持たないが、エネルギーを持っているから、このような現象が発生するのである。
　重力場は、現実に存在する。存在するからには、何らかのエネルギーを場が持っていると、考えるべきである。
　重力場には、重力エネルギーが降り注いでいるという風に、考えてみ

てはどうであろうか？これは顕象界に、光が降り注いでいるという現実の状態と、同じ発想である。

　場に降り注ぐエネルギーとしての、重力エネルギーを考えることになる。この重力エネルギーは、粒子としての属性を持っていない。つまり質量を持っていない。

　顕象界のみを対象とした物理学では、この答えは見出せないであろう。
　この答えは潜象界にある。重力エネルギーとは、潜象界のエネルギーであると、考えるしかないのである。
　翻って、光の場合を考えてみると、日常的に人間の眼にとまる光を、顕象界のものとして、取り扱ってきたが、重力エネルギーを考えるとき、光も同じように、潜象界の存在であるという見方も出来る。
　ただし、ここまでいうと、潜象界と顕象界の区分に混乱を来す恐れが出てくるので、光子と、いわゆる重力子はよく似ているということに止めておく。
　このように考えてゆくと、私達が認識している天体は、潜象界のエネルギーが、重力エネルギーとして、集中して、物質に変化して出来上がったものと、考えることも出来る。
　ではなぜ、色々な元素に分かれているのかということになるが、そこで始めて、量子論との接点が見出せるのである。
　このような考え方をすれば、エネルギーの式として　$E=mc^2$ とは別に、重力エネルギーをベースにしたエネルギーの式も、将来、考えることになろう。

　潜象物理学で、これをどう取り扱うかは、今のところ未定である。
　前のコラムに光の粒子性と波動性についての、一般的な変換プロセスについて述べたが、エネルギーとして考えた場合、光粒子の質量云々については、今後追求していくことになる。
　なお、光は粒子から波動への変換はあっても、波動から光粒子への変

換はないものと考えている。つまり、この変換は非可逆性のものである。

　前に、惑星間に発生する万有引力の発生根拠について、お互いに引き合っているというよりも、2つの惑星の潜象圏が、重なった場合、その部分で、潜象力が相殺されるため、結果として、惑星の外側から互いに押されて、近づくということになるのが、2つの惑星間に発生した引力と、みなされているのであると述べた。
　これと同じような考え方を、太陽と惑星の間に発生する万有引力にも適用出来るであろうか？
　これについては、惑星間に働く引力も、同じように考えられる。惑星と惑星間に働く引力も同じである。
　この考え方を適用すると、次のようなことになる。
　理由は省略するが、太陽と惑星間に働く万有引力と、惑星間に働く万有引力とは、次元の違う力であるということになる。
　どういうことかと言えば、太陽の潜象ネルギーと、惑星の潜象エネルギーとは、レベルが異なると、考えなければならない。
　つまり、レベルが一段上の潜象エネルギーである太陽の潜象エネルギーによって、構成されている幾つかの潜象環のそれぞれの中に、惑星が存在している。
　惑星の公転とは、この潜象環（リング）の回転によるものなのであることを、前に述べた。
　一方、惑星の潜象エネルギーは、どの位置でも惑星に流入する潜象エネルギーが存在する。この潜象エネルギーが、その惑星の重力として、観測されていると、考えることになる。
　このように考えると、惑星間に働く万有引力と、太陽と惑星間に働く万有引力とは、これに関わる潜象エネルギーのレベルが異なることになる。
　このような考え方に従うと、太陽の潜象エネルギーと、惑星の潜象エ

ネルギーとは、その次元が異なるということになる。もちろん太陽の潜象エネルギーが惑星の潜象エネルギーよりも、高次元である。
　前に顕象界と共存して、幾層もの潜象界があることを説明したが、太陽系を例に取れば、このようなことである。

　今、物理学で研究されている統一理論は、次のようなものである。

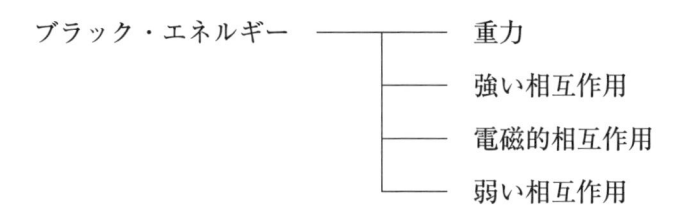

```
ブラック・エネルギー ──┬── 重力
                      ├── 強い相互作用
                      ├── 電磁的相互作用
                      └── 弱い相互作用
```

　この４つの力を、一つにまとめようとする試みが、自然界の力の統一理論と呼ばれる理論である。
　強い相互作用というのは、原子核の中に発生している力の場であって、湯川理論を構成したもので、前は核力と呼ばれていたものが、強い力と呼ばれるようになった。
　弱い相互作用は、原子核の中の陽子や中性子が崩壊して、更に安定な原子核に変わるベータ崩壊の段階で認識されたものである。
　上記の統一理論のブラック・エネルギーとあるところに、潜象エネルギーという考え方を導入すると、４つの力の場が無理なく表現されることになる。
　現代物理学の基本的な錯覚は、宇宙は真空であるという思い込みである。

　アインシュタインは、一般相対性理論の中で、アインシュタイン方程式と呼ばれる方程式に、宇宙項と言うものを追加して、宇宙の状態を説

明しようとした。

　しかし、当時、この宇宙項は論理的に不具合であるとの異論を受け、宇宙項は認められなかった。

　ところが、近年、ハッブル望遠鏡の観測などにににより、この宇宙項を付加した方が、実際の観測結果に合致するという事になり、宇宙項が復活したそうである。

　この原因となったのは、現在の宇宙は、減速膨張ではなくて、加速膨張であることが、観測されたためである。その為には、加速を引き起こす斥力が存在しなければならないという。

　ここで、アインシュタイン方程式の宇宙項が、宇宙斥力を示すものとして、復活したのである。

　これとは別に、超ひも理論というものがあり、その中で、微小なひも（10のマイナス33乗cm）の振動素粒子の種類を決めているという。

　この超ひも理論を用いると、宇宙の時空の次元は、10次元、もしくは11次元であるとされている。しかし、その10次元の時空とは、どういうものかは一向に判っていない。訳が分からない次元では困るのである。

　この超ひも理論を組み替えて考えると、潜象エネルギー理論に近づくことになる。ただし、次元の考え方はまったく違っている。

　どこをどう変えるかというと、相対性理論で生まれたブラックエネルギーと同じように超ひも理論でも、ここの所は、潜象エネルギーでなければならない。ただし考え方として考慮できるのは、超ひも（10^{-33}cm）が各種素粒子の元であるというところである。

　もう一つは、潜象物理には、時間軸は考えていない。時間軸は次元の推移を示すものとして、取り扱う以外は、考えていない。

　潜象エネルギーというのは、素粒子の元であるとされている超ひもを、更に超えたより小さなエネルギー（粒子）であると理解していただきた

い。
　日本の超古代文字・カタカムナ文字を解読した故楢崎皐月が、アマ（宇宙）の始原量をマリと称しているが、この潜象エネルギーは、カタカムナでいうマリと、共通したところがある。
　このように考えてゆくと、力の統一理論のまとめが、意外な展開を見せることになりそうである。
　まず、

```
潜象エネルギー ─┬─ 重力
                ├─ 強い相互作用
                ├─ 電磁的相互作用
                └─ 弱い相互作用
```

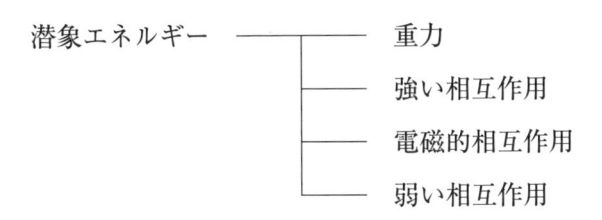

というように、冒頭の個所を書き換えると、すっきりとして見える。

　この本のテーマである重力は、力の存在はよく判っているが、残念ながら、なぜ、この力が発生するかは、判っていない。
　万有引力といわれるように、複数個の天体の間に働く力、あるいは、地球上における物体に作用する力として、知られているだけである。
　経験則として、2つ以上の物体間に働く力として表される。

　ここで、見方を変えて考えてみる。光子は質量がゼロであるとされている。同じように、弱い相互作用ででてくる重力子（グラビトン）も、質量がゼロである。
　電子は、質量がある。磁子はよく判らない。
　強い力である重力については、何一つ論じられていない。
　波動についてはどうであろうか？

光波の速度は、秒速30万キロメートルとして、これを基準にしている。重力子の波動、重力波の速度も、同じとしている。

　この辺りのことを、少し、追求してみる。まず、質量はないが、エネルギー（波動エネルギー）は、持っているというのは、一体どういうことであろうか？
　光の速度エネルギーは、どこから得られているのであろうか？　同じように、重力波のエネルギーは、どこから得られるのであろうか？
　速度を持つということは、なんらかのエネルギーがなければならない。重力子の場合は、ガンマ線バーストによるとされている。
　ところが、重力に関しては、物体（天体）の質量がその原因であるとしか、言われていない。また、その伝達速度は、光速であるとか、超光速であるとか言われているが、この速度は測定された訳ではない。
　毎度話にでるが、これらの疑問は、宇宙は真空であるという前提がある限り、解決しないのである。
　宇宙は潜象エネルギーで満たされていると、考え方を変えれば、光の波動エネルギーや、重力の伝達エネルギーは、どこから得られているかの答えの糸口が見つかるのである。
　では光の波動エネルギーを支える潜象エネルギーと、重力伝達の潜象エネルギーとは、同じものか、または、別のものかというような思考過程が出てくる。

波動エネルギーとしての潜象エネルギー

　ここで一つの仮定を設ける。
　波動エネルギーに関して、

光速で伝播するエネルギーを供給する潜象エネルギー
　　重力を伝播するエネルギーを供給する潜象エネルギー

の2つに大別してみる。
　これらは潜象エネルギーのレベルが異なるものとする。どちらが高次のエネルギーであるかといえば、重力に関与するものが、光に関与するものより高次であろう。
　一応、このように分けてみたが、これは重力波の存在を考えての事であり、滅多にしか観測されない重力波（弱い相互作用）をひとまず脇へ置くと、重力というのは、重力波とはまったく違った考え方をする（後述）ので、ここでは、光粒子あるいは光波を考える。
　ここで現代の量子力学の分野を崩して考えることにする。量子力学で考える素粒子に、エネルギーを供給する潜象エネルギーがあると、考えるのである。
　この潜象エネルギーを、単に、宇宙に充満するエネルギー場と考えても良いし、または、素粒子よりも更に微細な潜象エネルギー素子があって、それが素粒子にエネルギーを供給していると考えても良い。
　要は、素粒子の移動に関しては、潜象エネルギー場が、エネルギーを供給しているという認識が出来ればよい。
　光の伝播は、このような潜象エネルギー場のエネルギーを得て、行われるというように考える。

　ここで物質界（顕象界）における波動の例を考えてみる。
　一番判りやすいのは、音波である。音波は一般的には、空気中を粗密波となって伝播する。これは空気中の酸素とか窒素の粒子が、振動する際、密になるところと疎になるところが、交互にあって、音の波動となり、伝播してゆくのである。
　このような波動を、通常、粗密波、あるいは、縦波と称している。音

波の速度が大きくなると、粒子が密になったところで、一種の壁みたいになる。

この音の壁を突き抜けるには、大きなエネルギーが必要になる。しかし、この音の壁の向こう側には、別の世界が待っている。

このような現象は、超音速の航空機が数多く飛び交っているので、殆ど常識化している。ところで、光の場合はどうかというと、光波は横波なので、このような現象は起こらないとされている。

しかし、光波の速度限界は、秒速30万キロメートルである。光波はこれ以上の速度を超えることは出来ないとされている。

そして、この速度の彼方には、ブラック・ホールになっていて、総ての光を吸い込んでしまうことになっている。

ここで、宇宙は真空ではなくて、潜象エネルギーが充満した世界であるという考え方を導入すると、どうなるであろうか？

現代の量子力学で考えられている素粒子よりも、もっと、微小なエネルギー粒子が、潜象エネルギーであるとすれば、考え方が大きく変わることになる。

何を言いたいかというと、音波の場合の音速の壁に相当するものが、現出するのではないか、そしてそれが、光波の限界と考えられている速度と、一致するのではないかと言いたいのである。

すると、光波に強力なエネルギーを与えると、この光速限界を突破できるのではないか。潜象エネルギーは、現代物理学が認識出来ない程の超微粒子であると仮定すると、量子力学より、もう一つつっこんだ理論になる。だから、現代量子理論の延長線上にある事になる。

そもそも、現代物理学とは、発想がまったく違ったところから、話を始めた潜象物理学が、このような形で、量子力学の延長線上の理論になるとは、想定していなかったが、このような考え方を現時点では、否定するつもりはない。

しかし、潜象物理学は、多くの点で現代物理学とは、異なる理論であることに留意されたい。

　光波の速度について、このような考え方が出来るのであるが、では、重力についてはどうであろうか？
　物理学上は、物体相互間に働く力であること以外、何も判っていないのが重力である。いわゆる重力子とか、重力波とは、違った力である事は前にも述べた。
　この重力に係わるエネルギーは、一体、どう考えたら良いであろうか？
　唯、二つの物体（天体）に働く力で、両者の質量の積に比例し、相互間距離の２乗に反比例する力であること以外、何一つ判らないのである。
　重力は力であるから、エネルギーの一種である。二つの物体を引き合わせる力（エネルギー）は、どこから生じるのであろうか？
　二つの物体があれば、存在するだけで両者間に力が発生するというのは、力の本質に考えを廻らせば、どうみても不思議な話である。
　現代人は、万有引力（重力）現象に係わる法則は発見しているが、なぜ、万有引力が発生するか、その力の根源についての考察はなされていないことになる。
　ここでは、万有引力の範囲を狭めて、重力と呼ばれる力に限定して、話を進める。

　前に、天体（顕象天体）の周りには、その天体特有の潜象エネルギー圏が、取り巻いていることを述べた。この潜象エネルギー圏と重力とは、何か関係があるのではないかと考えてみる。
　このエネルギー圏では、顕象天体に向かって、常に潜象エネルギーが流入している。このエネルギー流は、現在の科学では認識していないし、量ることの出来ないエネルギー流である。この潜象エネルギー流は、天体の質量に比例している。

この数値は、現代科学で測定しているし、どれくらいの重力かの法則も判っているが、残念なことに、それが潜象エネルギー流であることを、まったく理解していないのである。顕象天体の周りには、常に潜象エネルギー圏が存在して、エネルギーの流入があることを理解すれば話は早い。

　この潜象エネルギー流が、重力に関係しているとすれば、重力源は比較的容易に理解できる。

　顕象天体を囲んでいる潜象エネルギー圏は、顕象核（天体）に向かって、四方八方から、直線的に流入しているのではなかろうか？　若しくは渦巻き型に回転しながら、流入しているのであろうか？

　この件に関しては、今のところ、確定的な答えは持ち合わせていない。回転しながら流入していると、考える方がよいと思っているが、この場合、ここには2つの力の場が出来ることになる。

　潜象エネルギーが回転していれば、回転面に対して、直角方向に力の場が発生する。これを重力と称していると考える。

　もう一つは、回転はなくて、直接、潜象エネルギーが顕象天体へ流入するのを、重力と考えることである。

　この2つの考え方の他に、もう一つの考え方は、回転している潜象エネルギーが、螺旋状になっていて、それが顕象天体の近傍でその球面に鉛直方向になって、流入しているのではないかとも考えられる。

　この辺りの検証は、いずれ行われるとして、今、ここでは保留し、単に重力とは、潜象エネルギーの流入であると言うにとどめる。

ダーク・マターとダーク・エネルギー

　宇宙を構成している物質の中に、ダーク・マターとか、ダーク・エネルギーとか、呼ばれるものがある。これらは、宇宙全体の約85パーセ

ントを占めていると考えられている。

　雑誌「ニュートン　未解決の天文学」によれば、宇宙の中には、渦巻銀河が、あちこちに点在しているそうである。

　そして、ダーク・マターや、ダーク・エネルギーは、どうして発見されたかというと、この渦巻銀河の中心部に近い部分も、外側の部分も、回転速度がさして変わらないことに関連して、発見されたものだそうである。

　太陽系の惑星の公転を考えれば、容易に推測できることであるが、内側の惑星の回転速度が、外側の惑星の公転速度よりも、大きいのである。ケプラーの法則は、この事を如実に示している。

　ところが上に述べたように、渦巻き型銀河星雲の回転を観測してみると、内側と外側の星雲の回転速度が、さして変わらないことが発見された。

　この事から、外側の回転速度を速めるためには、巨大な斥力を発する何かが、大量に分布していなければならないという。

　流体力学では、水流の回転に2つの型がある。

　1つは剛体回転と言われるもので、回転の原点を中心として、同じ角速度で回転する運動である。当然のことだが、この場合、外側に行くに従って、回転速度は大きくなる。もう一つは、ポテンシャル流と呼ばれる回転流で、原点からの距離に反比例して、回転速度は小さくなる。従って、回転中心に近いほど、その速度は大きい。渦巻き型ではないが、太陽系惑星の公転運動は、後者の回転に似ている。

　渦巻き銀河の回転も、以前は後者の回転であろうと考えられていた。

　ところがアメリカのウィルソン山天文台で観測したハップルが「遠い銀河も、銀河中心に近い天体も、その速度はさして変わらない」ことを発見した。その理由として、相対性理論にある宇宙項が、取り上げられた。

ところが、宇宙項に当たるこの部分は、光を出していないので、何があるか分からない。それで、この物質をダーク・マター（暗黒物質）と呼んでいる。

　このダーク・マターは、電磁波を一切、放射していない。だから星雲の回転状態から、ダーク・マターの存在を推測できても、なんらかの観測データでの確認は難しかったようである。
　ところが、重力の強いところでは、空間が歪むという現象を利用した、重力レンズ効果を用いて、ダーク・マターの空間分布を探すことが出来たそうである。
　このダーク・マターを物質と考えた場合、その大きさが不足するので、それを物質以外の何らかで、補わなければならなくなった。
　これがアインシュタイン方程式にあらわれている宇宙項だそうである。この宇宙項を時間的変化する量に一般化して、これをダーク・エネルギーと呼ぶようになった。
　このダーク・エネルギーは、宇宙を押し広げる作用を果たしており、結果的には、重力に抗する斥力を示しているという。

　以上が、現代物理学及び、天文学の観測結果から、導き出されたダーク・エネルギー理論である。
　ここで思い出して欲しいことがある。前に述べたように、宇宙空間には、潜象エネルギーが充満しちる。
　このエネルギーは、顕象エネルギーと違って、現代物理学では、感知不能のエネルギーである。しかし、潜象太陽とか、潜象地球のように、結果的には、顕象エネルギーと同じように機能するエネルギーであるから、両者の関連さえ見出せば、有効に使えるエネルギーである。
　ダーク・マターと称されるものも、実際には物質ではないので、現時点では測れないし、とらえどころがないものである。

これは潜象太陽と同じものと考えて良いから、このようなエネルギー源があることを想定すれば、ダーク・マターと称する必要はない。

また、一般相対性理論で現れる宇宙項を、斥力を表す項目と考えるのは、もう少しよく考えた方がよいと思える。

A,B2つの球体があって、Aが回転（自転）するための条件を考えてみる。

Aそのものには、回転力はないものとする。AをドライブするのはBである。Bは回転エネルギーそのものであるとすれば、BはAの潜象エネルギー・ゾーンも、回転させていることになる。

一方、Aのエネルギー・ゾーンは、Aに対して、絶え間なく潜象エネルギーが降り注いでいるとすれば、Aの潜象エネルギーと,Bの回転を与えているエネルギーゾーンとは、別種のものであることになる。

自転のもとは、Bの回転する潜象エネルギーであることになる。

このことからいえば、顕象星同志の双子星では、互いに回り合っているとしても、その一方が、潜象星の場合は、顕象星は潜象星の周りを回転（この場合は公転）していると考えられる。双子星の場合、このような違いがあることになる。

ここで太陽の場合を考えてみると、太陽は明らかに、1個しかないから、潜象太陽の周りを回転していると、考えることになる。

このような力の配分が正しければ、公転運動の説明に遠心力は不要となる。さて、どちらが正しいのであろうか。

後者の方が正しければ、万有引力には、吸引力のみであって、斥力は存在しないという力の発生は、説明として不十分なことになる。

自転する天体には、潜象核が存在し、この2つが互いに回り合うことにより、自転現象が発生することを述べた。

この潜象核のことであるが、顕象天体を包む潜象核が発生する力とは、吸引力ではなくて、斥力ではないかと考えてみた。潜象天体から顕象天体に対して、放出される潜象エネルギー流は、一種の斥力と考えるのである。
　顕象天体の吸引力（引力）は、それを包み込んである潜象エネルギーの流入現象であるとして、話を進めてきた。
　これに対して、ここに述べる潜象核は、更に高次の潜象圏から、一段低い潜象圏へ流入するエネルギーである。
　この流入するエネルギーを、つまりは、潜象太陽から放散する力を想定すれば、これは潜象太陽が斥力を発していることになる。

　この放散するエネルギーは、もちろん、顕象天体にも及ぶことになる。
　前には、2種類の潜象エネルギーを考えたが、もしかしたら、この潜象核からの放出エネルギーが、顕象核を包む潜象エネルギー圏を形成しているとも考えられる。
　前に、流体の中のローテイション（回転）の式の話をしたが、これと対になっているダイバージェンス（湧きだし）の式の意味するところは、案外このようなエネルギーの放射につながっているかも知れない。
　このように考えてゆくと、回転する顕象天体、及び、その衛星達を包み込んでいる潜象圏というのは、この潜象圏から放散されている潜象エネルギーによって、保持されていると考えて、良いことになる。

渦巻銀河とその加速エネルギー

トルネード型潜象渦巻の発生

　渦巻銀河の外側の速度が、内側の速度がさして変わらない理由として、

次のようなことが考えられる。
　顕象渦巻に対応して、潜象界に巨大なトルネード型潜象渦巻が発生することを述べた。
　なぜ発生するかについては、場の平衡を保つためであると言った。
　地上に発生するトルネードには、その中心付近に、渦巻平面に垂直な方向に、力が発生する。この鉛直力が発生する力の方向は、どちらに向かうのであろうか。
　実際に観測されたところによると、上向きの力（地上からものを吸い上げる方向）が発生している。
　これをそのまま、渦巻銀河に当てはめてみると、次のような図になる。

　地上のトルネードの場合は、漏斗の細い部分から渦が延びてきて、地上に達するところで、渦巻の径が一番大きくなる。このような状態で、地上から空中に向かう力が発生する。
　渦巻銀河に対して発生する潜象トルネードは、これとは逆に外側から渦巻中心に向かって発生する潜象渦である。
　この潜象渦を輪切りにした図で説明する。

　渦巻銀河のそれぞれの位置で、周辺の潜象場から、潜象エネルギーが次頁の図のように流入する。この渦の輪を描いてみると、図のようになる。
　潜象エネルギーは、この渦の中心部に向かって流れ込み、ここにエネルギーが集中する。このエネルギーは、渦巻銀河の外側ほど大きく、内側に行くにつれて小さくなる。
　そしてこのエネルギーは周辺の恒星に吸収されて、恒星の運動量が大きくなる。つまり、外側の恒星の速度を加速させることになる。
　この加速の量が、外側ほど大きく、内側ほど小さい。この潜象ブースターが結果的には、外側の恒星の回転速度を上げて、内側の恒星の回転

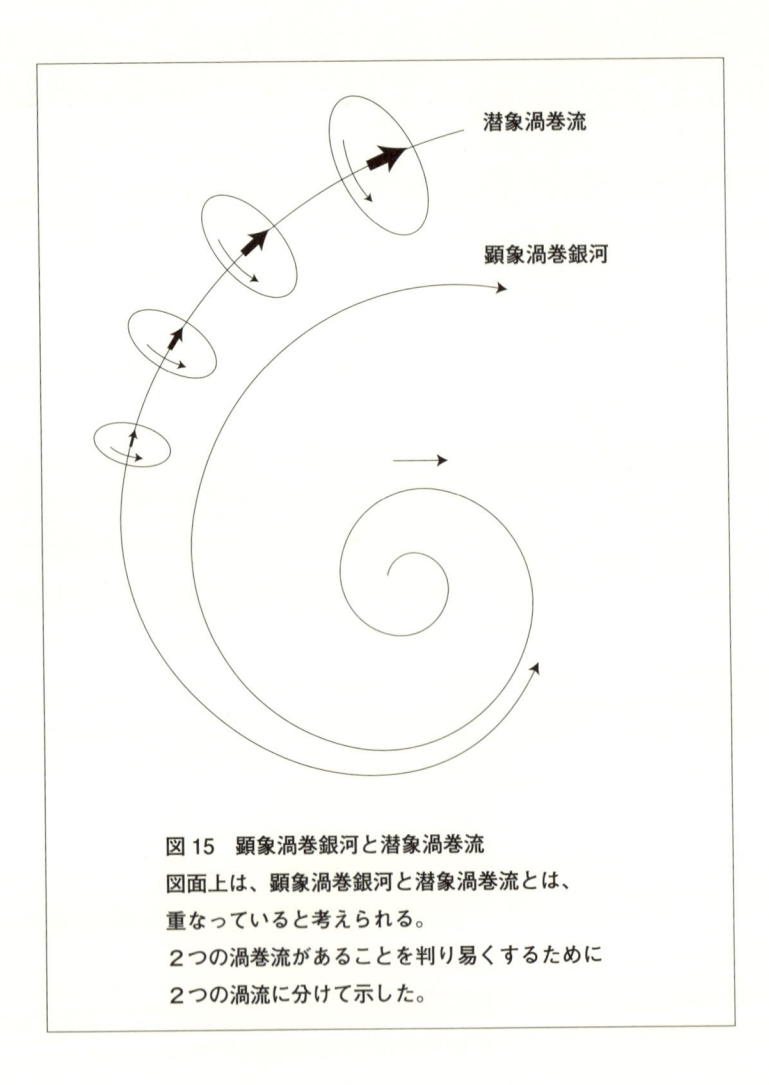

第2部　万有引力（重力）は、何故発生するのか？

図15　顕象渦巻銀河と潜象渦巻流
図面上は、顕象渦巻銀河と潜象渦巻流とは、
重なっていると考えられる。
2つの渦巻流があることを判り易くするために
2つの渦流に分けて示した。

180

【図の説明】
Bの潜象渦巻エネルギー（B）は、顕象渦巻銀河（A）と、ほぼ重なった形で存在し、しかも、Aの渦巻を包み込むように、これと直角な形に発生した渦巻である。そしてこの潜象渦巻が、Aにエネルギーを供給していると考える。

一見、同じ形の渦巻に見えるが、この渦巻の回転方向は、逆であると考えられる。

Aの回転方向は、中心から時計方向（CW）の回転であるのに対し、Bは、外側から内側に向かって、CCW方向に流入する。

Aの外側の部分の回転速度が大きくなる理由は、Bの外側の大きな速度を持つ潜象エネルギーを受け取ることが出来るからであると考えられる。

Bの潜象エネルギーの速度は、内側に行くにつれて、次第に小さくなり、最終的には、Aの渦巻の中心部に集約される。速度は遅くなるが、エネルギー・ポテンシャルが、非常に高いゾーンとなって、Aのエネルギー源になっている。

この集約された潜象エネルギーは、A渦巻の顕象エネルギーとして、中心部の数多くの恒星の活動源となるであろう。

このエネルギーを吸収して、顕象渦巻銀河は、成長してゆくのであろう。

A渦巻の外側の回転速度が、中心部の回転速度と、ほぼ同じなのは、このような理由によるものであると考えられる。

潜象渦巻エネルギーは、このような形で顕象渦巻銀河に流入し、その渦巻の成長を支えているのであろう。

この潜象渦巻エネルギー流が、顕象渦巻銀河の発生に伴って、自然に発生するのは、自然の持つ、場を常に均一に保とうとする性質によるものである。

顕象渦巻銀河の発生、成長と、潜象エネルギーとの関係は、このようになっていると考えられるので、ダーク・マターのような目に見えない物質（このような物質は存在しない）が存在するためではない。

速度とさして変わらなくさせているのである。
　地球上に発生するトルネードは、上空の雲の中に発生して、漏斗状に渦を巻きながら地表に向かう。従って、この渦の始まりは細い管の部分であり、それが段々拡がって地上に達する。風速50メートル以上になる。
　この渦流の中心に発生する鉛直力の方向は、上向きでる。またその力は地表に近い程大きい。
　さて、このトルネード型渦流が、宇宙に発生したときのことであるが、これは渦巻銀河の発生に伴って、出現した巨大なエネルギーの渦であるから、宇宙の場の平衡は、大きく乱されることになる。
　この宇宙に発生した不平衡の場を補正して、元の平衡な場に戻そうとする潜象エネルギーの場が、発生することになる。

　さて、ここで一つの仮定を置いてみる。
　雑誌「ニュートン」掲載の図の渦巻銀河は、左回りになっている。この図を見ると、渦巻銀河が中心部に向かって収束しているように見える。渦巻銀河は中心部から次第に腕が伸びて、大きな渦巻に発達してゆくというのが、定説であるが、このような図を描くと、逆に外側から内側に向かって、収束しているように見える。
　ところが、私にとってみると、この左回りの銀河の図は、思わぬヒントを与えてくれた。
　渦巻銀河が発達してゆくためのエネルギーは、何かを示すのに、転用できる図ではないかと、思ったのである。
　もちろん、顕象渦巻銀河ではなくて、これに対応して発達した潜象渦巻流のことである。
　この図のように、右回りの渦巻銀河が、発達するのにつれて、その為のエネルギーとして、潜象界から巨大な潜象エネルギーの流入があることの、説明用として、使用できるのである。
　顕象渦巻銀河が発達するにつれて、これと重なるように、潜象渦巻銀

河が発生すると、考えることが出来るからである。

　そして、この潜象渦巻銀河からは、多量の潜象エネルギーが流入し、銀河中心部に集積される。

　すると、中心部は超高エネルギー場になって、顕象銀河発達のエネルギー源となると、考えることが出来る。

　では、顕象渦巻銀河の、外側の回転速度を加速するために、この潜象エネルギー渦巻は、どのような働きをしているのであろうか？

　これについては、次のように考える。

　渦巻全体として、左回りのトルネード型渦流であるが、この渦流素子を取り出してみる。

　簡単にいうと、トルネード型渦巻を輪切りにするのである。すると、大きな円から次第に、小さくなってゆく円の連続が出来る。この円は左回りの円になっている。

　すると、左回りの円の中心部には、力の場が発生することになる。前に説明した流体力学の原理である。この原理は、水流や気流であっても、潜象流であっても変わらない。

　この中心部に発生した力の場（ベクトル）の向きは、渦流の中心部の方ではなくて、外側の方へ向いている。

　また、このベクトルの大きさは、渦流の外側ほど大きく、渦流の中心部に行くにつれて、次第に小さくなって行く。

　この潜象エネルギーによって発生した力の場が、顕象渦巻銀河に加えられることになる。すると、渦巻銀河の回転速度に、これがプラスされる事になる。

　つまり、回転速度を加速するブースターとして、作用することになる。しかも、渦の回転の外側ほど、この作用が大きく、内側に行くにつれて、この働きが小さくなる。

　これが渦巻銀河の回転に加わるため、ブースターの働きが、外側ほど大きくなる。

これらの力を合計すると、外側の回転速度と、内側の回転速度とが、さして変わらないという観測結果になっていると考える事が出来る。
　このように、渦巻銀河に流入する潜象エネルギー渦流は、渦巻銀河の発達を助けるエネルギー源という役割と、外側流の回転速度を加速するという2つの役割を果していることになる。
　このように考えると、引力に対する斥力も、自然界に存在することになる。しかし、引力は顕象天体に発生する力と言うよりも、顕象天体に降り注ぐ潜象エネルギーであり、これに対して斥力は潜象天体から顕象天体及びその周辺に向かって、発せられる潜象エネルギーであることになる。
　潜象エネルギーに関して、顕象エネルギーの場合と同じように、エネルギーの量を考えると、

　　　　エネルギー量 = 流入量 × （速度の2乗）

という法則が、成立するものと考えられる。
　つまり、外側の渦流に対しては、潜象渦巻きからの加速エネルギーが大きく、内側にゆくにつれて、潜象エネルギーの速度は落ちてくる。しかし、トータルのエネルギー量は変わらないから、その分、中味は濃くなる。
　顕象渦巻きの中心部ほど、強い光を発しているのは、中心部に,エネルギーが集約されるからであろう。
　このように考えると,渦巻き銀河が成長するのに必要なエネルギーは、このような仕組みで、得られているものと考えられる。
　このような考え方をすると、ダーク・マターや、ダーク・エネルギーを考えなくても、渦巻銀河の回転速度が、内側と外側でさして変わらない理由がわかる。
　万有引力における斥力の問題を追求していて、渦巻銀河の回転速度と、

ダーク・マターの関係の説明として、天文学で述べられている事柄に疑問が生じ、潜象エネルギー空間として考えた場合の説明を付加した。
　万有引力の問題については、現代物理学では、解決しがたい事柄が多いようである。この点を克服するには、宇宙は真空ではないことを理解するのが先決である。その先には、新しい科学の扉が大きく開かれることを覚っていただきたい。

おわりに

　これまで潜象エネルギー空間の考え方や、相対性理論の考え方との違いを説明してきた。
　そしてこの考え方に基づいて、潜象物理という新たな物理を導入する時代が、到来しつつあることを述べた。
　この中で、宇宙空間は真空ではなくて、エネルギーが充満している空間であること、潜象超多重空間であることなどについても説明した。
　こういう考え方を発展させてゆくと、私達が住んでいる地球が存在している太陽系を、これまでとは違った角度で見直すべきであるということになってくる。
　このようなことを発想する手がかりが、出羽三山の一つ、湯殿山での私の体験から始まった。
　このような体験は、超常現象と呼ばれており、現代科学では、科学とは別種のものとして、科学で取り扱うことを拒否している。
　しかし、何時までも超常現象を、科学とは別種のものとして、科学は一切ノータッチでは、今後の科学の発展は望めない。
　長野市松代町に発生した群発地震が、潜象エネルギーの流入によることははっきりしている。
　潜象エネルギーが、厚い岩盤を振動させ、発光現象まで観測されていることは、潜象エネルギーが、私達の身近に存在していることを教えている。いわば、無尽蔵のエネルギー空間である。
　太陽系の星達を動かしているのも、この潜象エネルギー空間であることを思えば、化石燃料に頼っている現代の文明を、そろそろ切り替える

時期が近づいていると考えた方がよい。
　地球温暖化も、自然から私達人類に投ぜられた警告と受け取るべきである。
　地球のこの現状を放置しておくと、近い将来、ノアの方舟再現の可能性が、起こりうると思えるのである。
　この美しい地球を大切に存続させ、未来の人類に引き継ぐのも、いまの私達の大切な役割である。
　当初は、太陽系不思議物語と万有引力（重力）の問題は、切り離して論ずる予定であったが、諸般の事情により、前者の出版が遅れたため、一つにまとめた。
　現代の「ノアの方舟」とも言える宇宙ステーションの中が、無重力状態では、折角打ち上げたことの意味が半減する。
　このように、現代の科学が未解決の分野も、潜象エネルギー空間という考え方を導入すれば、新しい科学が芽生えるであろう。これまで述べてきたものは、潜象物理学概論ともいうべきものである。これから先、多くの科学者が、このテーマに取り組んでいただけることを、切に願って、ひとまず筆を措くことにする。
　なお、本書の出版に当たって、今日の話題社武田社長及び、高橋秀和氏に多大の尽力を頂いたことに、厚くお礼申し上げる。

参考資料

『理科年表』（丸善）
『天文学小辞典』（高倉達雄監修、講談社）
『天体力学入門』（長沢工著、地人書館）
『ブラックホールと高エネルギー現象』（小山勝二・嶺重慎編、日本評論社）
『太陽系と惑星』（渡部潤一・井田茂・佐々木晶編、同上）
『現代の惑星学』（小森長生著、東海大学出版部）
『一般相対性理論』（内山達雄著、裳華房）
『場の量子論』（坂井典佑著、裳華房）
『量子力学の基礎と仕組み』（潮秀樹著、秀和システム）
『場とは何か』（都筑卓司著、講談社）
『連続体の力学』（棚橋隆彦著、理工図書）
『いまさら流体力学』（木田重雄著、丸善）
『ニュートン　未解決の天文学』（ニュートン・プレス）
『静電気ハンドブック』（地人書館）
『岩石と鉱物の写真図鑑』（クリス＝ペラント著、日本ヴォーグ社）
『神々の棲む山』（長池透著、たま出版）
『十和田湖山幻想』（同上、今日の話題社）
『霊山パワーと皆神山の謎』（同上）
『超光速の光・霊山パワーの秘密』（同上）

長池　透（ながいけ・とおる）

1933年宮崎県生まれ。電気通信大学卒業後、日本航空整備株式会社（現日本航空株式会社航空機整備部門）入社。航空機整備業務、整備部門管理業務、運航乗務員養成部門、空港計画部門などを経て、磁気浮上リニアモータ・カー開発業務に従事。1993年、定年退職。20数年にわたり、超古代文明、遺跡の調査研究を行い現在に至る。著書に『神々の棲む山』（たま出版）、『十和田湖山幻想』『霊山パワーと皆神山の謎』『超光速の光・霊山パワーの秘密』（今日の話題社）がある。
日本旅行作家協会会員。

21世紀の物理学　潜象エネルギー空間論
2012年3月26日　初版第1刷発行

著　　　者　　長池　透

発　行　者　　高橋　秀和
発　行　所　　今日の話題社
　　　　　　　東京都港区白金台3-18-1　八百吉ビル4F
　　　　　　　TEL 03-3442-9205　FAX 03-3444-9439

印刷・製本　　ケーコム

ISBN978-4-87565-609-8　C0042

長池透の既刊

十和田湖山幻想
──ストーンサークルと黒又山──

十和田湖ができる以前、そこには「十和田湖山」があり、潜象エネルギーを操る高度な超古代文明が栄えていた!!

定価：本体 1,500 円＋税

霊山パワーと皆神山の謎

長野県・松代地方でおよそ2年にわたり発生した謎の群発地震には、潜象エネルギーが関与していたのか!?

定価：本体 1,600 円＋税

超光速の光　霊山パワーの秘密

西日本の巨石遺跡・山々・神社を巡り「潜象光」を視る──。それは超古代文明の痕跡を辿る旅でもあった!!

定価：本体 1,600 円＋税

お求めはお近くの書店または弊社まで直接ご注文ください